EDITORA DO CONHECIMENTO

Auxiliando a humanidade a encontrar a Verdade

Série

Memórias do Espiritismo

Fotos e ilustrações da página anterior (de cima para baixo, a partir da esquerda):
Gabriel Delanne, Bezerra de Menezes, Allan Kardec, Leon Denis;
William Crookes, Alfred Russel Wallace, Alexander Aksakof, Oliver Lodge;
Yvonne do Amaral Pereira, Alfred Binet, Ernesto Bozzano, Arthur Conan Doyle;
Hercílio Maes, Caibar Schutel, Gustavo Geley, Eurípedes Barsanulfo;
Victor Hugo, Charles Robert Richet, Cesare Lombroso, Pierre Gaetan Leymarie;
Andrew Jackson Davies, Camille Flammarion, Francisco Cândido Xavier, Emanuel Swedenborg.

Reconhecemos a ausência de inúmeros expoentes do espiritismo nesta galeria de imagens. Em razão do limitado espaço, escolhemos apenas algumas personalidades ilustres para representar todos aqueles que gostaríamos de homenagear.

A Alma dos Animais

A Alma dos Animais

(Les Manifestations
Métapsychiques des Animaux)

Ernesto Bozzano

CONHECIMENTO EDITORIAL LTDA.
Fone/Fax: 19 3451-5440
www.edconhecimento.com.br
vendas@edconhecimento.com.br

Tradução: Mariléa de Castro
Projeto gráfico: Sérgio Carvalho
Ilustração da capa: Banco de imagens

ISBN 978-65-5727-114-8
1ª edição – 2021

• Impresso no Brasil • Presita en Brazilo

Produzido no Departamento Editorial de
CONHECIMENTO EDITORIAL LTDA
Rua Prof. Paulo Chaves, 276 – 13485-150
Fone: 19 3451-5440 — Limeira – SP

Impresso na
Primeira Leitura
a gráfica digital da **EDITORA DO CONHECIMENTO**

Dados Internacionais de Catalogação na Publicação (CIP)
(Angélica Ilacqua CRB-8 / 7057)

Bozzano, Ernesto
A Alma dos Animais: as manifestações metapsíquicas dos animais / Ernesto Bozzano ; tradução de Mariléa de Castro – Limeira, SP: Editora do Conhecimento, 2021.
160 p.

ISBN: 987-65-5727-114-8
Título original: Les Manifestations Métapsychiques de Animaux

1. Animais - Ponto de vista espírita 2. Animais - Espiritismo 3. Animais - Mediunidades 4. I. Título II. Castro, Mariléa de

21-3649 CDD – .133.9

Índice para catálogo sistemático:
1. Animais – Espiritismo

Ernesto Bozzano

A Alma dos Animais

As manifestações metapsíquicas dos animais

Tradução: Mariléa de Castro

1ª Edição – 2021

EDITORA DO CONHECIMENTO

Obras de Ernesto Bozzano editadas pela EDITORA DO CONHECIMENTO

- Povos Primitivos e Manifestações Supranormais
- A Crise da Morte
- Pensamento e Vontade
- A Alma dos Animais

Sumário

Prólogo

Já observamos muitas vezes, a respeito das manifestações metapsíquicas em que os seres humanos são emissores ou receptores, que elas foram conhecidas em todas as épocas e por todos os povos. Pode-se dizer o mesmo a respeito dos fatos em que o papel de emissor ou de receptor é desempenhado por animais.

Naturalmente, as manifestações metapsíquicas em que os protagonistas são animais só podem ser circunscritas a limites de realização mais modestos que aquele em que os protagonistas são seres humanos. Tais limites correspondem às capacidades intelectuais das espécies animais em que os fatos se produzem. No entanto, elas são mais notáveis do que se poderia supor à primeira vista. Entre esses fenômenos, encontram-se casos telepáticos em que os animais desempenham não apenas o papel de receptores, mas também o de emissores; casos concernentes a animais que percebem, ao mesmo tempo que o homem, fantasmas e outras manifestações supranormais, além de qualquer coincidência telepática; e por fim, casos nos quais os animais percebem, juntamente com o homem, manifestações que ocorrem em locais assombrados. Deve-se acrescentar a essas categorias os casos de materializações de fantasmas animais, obtidos experimentalmente, e por fim aparições *post mortem* de fantasmas animais identificados, circunstância que tem um valor teórico considerável, pois é de molde a apoiar a hipótese da sobrevivência da psique animal.

O exame desse ramo dos fenômenos metapsíquicos

tem sido completamente negligenciado até hoje, embora nas revistas metapsíquicas, sobretudo nas coleções dos Proceedings e do Journal da excelente Society for Psychical Research de Londres se encontrem numerosos fatos dessa ordem. Esses casos, porém, jamais foram reunidos, classificados e analisados por alguém. E também pouco se escreveu e discutiu a respeito. Portanto, não há muita coisa a resumir em relação às teorias formuladas a esse respeito.

Observarei apenas que, nos comentários de certos casos isolados que pertencem à classe mais numerosa dos fenômenos em questão, isto é, aquele em que os animais percebem junto com o homem as manifestações de telepatia ou assombração, propõe-se a hipótese de que as percepções psíquicas dessa natureza teriam origem num fenômeno alucinatório criado pelos centros de ideação de um agente humano e depois transmitidos inconscientemente aos centros homólogos do animal presente e receptor.

Para uma outra classe de fenômenos, especificamente aquela das aparições de fantasmas animais, supôs-se um fenômeno de alucinação pura e simples por parte do indivíduo receptor. Porém a análise comparada dos fatos mostra que, com frequência, os fantasmas animais são percebidos coletiva e sucessivamente. São, além disso, identificados com os animais que viveram e foram mortos naquele local; e isso, sendo que os receptores ignoravam que os animais vistos nessas circunstâncias tivessem existido.

Nessas condições, devemos concluir que, de modo geral, as duas hipóteses que mencionamos são suficientes para explicar os fatos. Essa conclusão é de grande importância teórica, porque nos força a admitir a existência de um subconsciente animal, depositário das mesmas faculdades supranormais que existem no subconsciente humano. Ao mesmo tempo, nos leva a reconhecer a possibilidade de aparições verídicas de fantasmas animais.

Disso ressalta o valor científico e filosófico desse novo ramo das pesquisas psíquicas. Permite-nos prever que, em breve, deveremos reconhecê-lo, para estabelecer sobre bases sólidas a nova "Ciência da Alma", que ficaria incompleta, e mesmo inexplicável, sem a contribuição trazida pelo exame analítico e as conclusões sintéticas relativas à psique animal, o que virei a demonstrar no devido momento.

Não é preciso dizer que não pretendo de forma alguma que esta classificação – a primeira que foi tentada sobre o assunto – seja suficiente para analisar em profundidade um tema tão vasto e de tão grande importância metafísica, científica, filosófica. Concedo-me apenas o ter trazido uma primeira contribuição eficaz às novas pesquisas e de ter assim despertado o interesse daqueles que se ocupam desses estudos, favorecendo a acumulação posterior do material bruto dos fatos, o que parece indispensável para o resultado das pesquisas sobre esse novo ramo das doutrinas metapsíquicas.

Se quisermos indicar a data em que se começou a tomar seriamente em consideração as manifestações metapsíquicas dos animais, devemos nos referir a um famoso incidente de telepatia canina de que lord Rider Haggard, o conhecido romancista inglês, foi o receptor; incidente que se produziu em condições tais que é impossível colocá-lo em dúvida. Como resultado de uma dessas condições providenciais de tempo, lugar e ambiente, que se encontra com frequência no início da história de novos ramos da ciência, despertou na Inglaterra um interesse inesperado, quase exagerado. Os jornais políticos se apropriaram dele e o discutiram longamente, assim como as revistas de variedades e as revistas metapsíquicas, criando um ambiente favorável para as novas pesquisas.

Portanto, será oportuno começar a classificação das "manifestações psíquicas dos animais" pelo caso de telepatia do qual foi receptor o romancista sr. Rider Haggard.

Primeira categoria

Alucinações telepáticas[1] em que um animal desempenha o papel de emissor

1º caso – (Em sonho, com indício aparente de possessão).

É o caso Haggard, que me limitarei a relatar como foi resumido com a maior exatidão na edição de julho de 1904 da Revue des Études Psychiques, remetendo o leitor que deseje informações mais extensas ao número de outubro de 1904 do Journal of the Society for Psychical Research.

O sr. Rider Haggard relata que foi deitar-se tranquilamente à uma hora da manhã do dia 10 de julho. Uma hora depois, a sra. Haggard, que dormia no mesmo quarto, ouviu o marido gemer e emitir sons inarticulados "como um animal ferido". Inquieta, ela o chamou. O sr. Haggard ouviu a voz como num sonho, mas não conseguiu se libertar de imediato do pesadelo que o atormentava. Quando despertou inteiramente, contou à sua mulher que havia sonhado com Bob, o velho cão perdigueiro de sua filha mais velha, e que o vira debater-se numa

1 O conceito de alucinação comumente aceito é o de que ocorre "quando a percepção do indivíduo identifica alguma coisa que não existe como sendo parte da realidade". Deve-se acrescentar, porém: da realidade física, o que não inclui os outros níveis de existência e sua percepção. A assim chamada alucinação, portanto, pode, e muitas vezes é, simplesmente a percepção de níveis ou planos de existência além do reconhecido pela ciência oficial – embora já exaustivamente pesquisados inclusive em laboratórios universitários (parapsicologia).
Sob essa ótica, "alucinação telepática" seria uma contradição em termos, pois alucinação é categoria própria da psicologia/psiquiatria oficial, enquanto telepatia é fenômeno parapsicológico já comprovado, mas não aceito por ela. Compreende-se como necessária e sem alternativa naquele período das pesquisas metapsíquicas incipientes e que buscavam incluir-se como científicas – embora esse aval jamais tenha ocorrido.

luta terrível, como se fosse morrer.

O sonho tivera duas partes distintas. Da primeira, o romancista lembrava apenas de haver tido uma sensação de opressão, como se estivesse a ponto de se afogar. Entre o instante em que ouviu a voz de sua mulher e aquele em que adquiriu plena consciência, o sonho tomou uma forma mais precisa.

> Percebi, diz o sr. Haggard, "o velho Bob estendido entre os caniços de um lago. Parecia que minha própria personalidade saia misteriosamente do corpo do cão, que levantava a cabeça contra meu rosto de forma bizarra. Bob se esforçava para falar comigo e, não conseguindo se fazer entender pela voz, me transmitia, de forma indefinível, a ideia de que estava morrendo.

O sr. e a sra. Haggard voltaram a dormir, e o romancista não foi mais perturbado no sono. Pela manhã, durante o café, contou a suas filhas o que tinha sonhado, e riu com elas do medo que sua mãe tinha sentido. Ele atribuía o pesadelo à má digestão. Quanto a Bob, ninguém se preocupou, porque, na tarde anterior, fora visto com os outros cães da casa e fizera festas à sua dona como de costume. Somente quando passou a hora da refeição quotidiana sem que Bob aparecesse, a srta. Haggard começou a se sentir inquieta e o romancista a suspeitar que se tratava de um sonho verídico. Começaram buscas intensivas que duraram quatro dias, ao fim dos quais o próprio sr. Haggard encontrou o pobre cão boiando na água de um lago, a dois quilômetros da casa, com o crânio fraturado e duas patas quebradas.

A um primeiro exame, feito pelo veterinário, pareceu que o infeliz animal fora pego numa armadilha. Mas a seguir encontrou-se provas indiscutíveis de que o cão tinha sido esmagado por um trem, sobre a ponte que atravessava o lago, e que fora jogado pelo choque entre as plantas aquáticas.

Na manhã de 19 de julho, um trabalhador da estrada de ferro encontrou na ponte a coleira ensanguentada de Bob. Portanto, não restava nenhuma dúvida de que o cão estava morto de fato na noite do sonho. Por acaso, naquela noite, havia passado, um pouco antes da meia noite, um trem turístico que devia ter sido a causa do acidente.

Todas as circunstâncias foram provadas pelo romancista por meio de uma série de documentos.

Segundo o veterinário, a morte deve ter sido quase instantânea. Teria sido pois duas horas, ou mais, antes do sono do sr. Haggard.

Esse é, em resumo, o caso ocorrido com o escritor inglês, no qual se encontram várias circunstâncias que concorrem para excluir de forma categórica qualquer outra explicação que não a transmissão telepática direta entre o animal e o homem.

Não poderia se tratar de uma emissão telepática vinda de uma pessoa presente, pois ninguém tinha assistido ao drama nem soubera dele, como se concluiu da investigação feita pelo próprio sr. Haggard e como era aliás fácil de presumir, pela hora avançada da noite em que o fato ocorreu.

Não poderia tratar-se de uma forma comum de pesadelo alucinatório, numa coincidência fortuita, pois as circunstâncias verídicas que se encontram na visão são de fato bem numerosas, sem falar do próprio fato da coincidência entre o sonho e a morte do animal.

Não poderia se tratar de um fato de telestesia, no qual o espírito do romancista teria tido a percepção a distância do drama, pois então o receptor teria ficado como espectador passivo, e não foi assim. Como se pôde ver, ele foi sujeito a um fenômeno bastante notável de personificação ou de um início de possessão. Esse fenômeno – como observou o editor do Journal of the Society for Psychical Research – apresenta um paralelo interessante com as "personificações" e as "dramatizações" observadas com tanta frequência entre os sensitivos ou médiuns no estado de transe.

Não se pode, por fim, falar de um sonho premonitório pelo qual o sr. Haggard teria sabido, não do acontecido no momento em que ocorria, mas do fato da descoberta do cadáver no lago, que iria acontecer alguns dias depois. Com essa alternativa não se pode explicar nada: nem a coincidência verídica entre o sonho e o acontecimento, nem o fenômeno da dramatização, igualmente verídica, no acontecimento, nem o caso, tão notável, da personificação ou da possessão.

Essas são as principais considerações que concorrem para provar de forma incontestável a realidade do fenômeno da transmissão telepática direta entre animal e homem. Achei que devia apontá-las para responder a algumas objeções vindas de diversos lugares depois que a Society for Psychical Research acolheu e comentou o caso em questão.

Ao mesmo tempo, essas considerações poderão servir de regra para os leitores a fim de julgar o valor da hipótese telepática em relação aos casos que irão seguir-se.

2º caso – (Em sonho) – 10 de fevereiro de 1885.

> Na primeira segunda-feira do mês de agosto de 1883, durante minhas férias, eu estava em Ilfracombe (Inglaterra). Pelas dez horas da noite, fui deitar-me, e adormeci em seguida. Fui acordado pelas 10:30 por minha mulher, que entrava no quarto. Contei a ela que acabara de ter um sonho no qual via meu cão Fox deitado, ferido e moribundo, junto a um muro. Não tinha ideia exata a respeito do local. Mas tinha notado que era um dos "muros secos" (muros de pedra) que são uma característica do condado de Goucester. Conclui que o cão deveria ter caído de cima de um desses muros, inda mais que que ele tinha o hábito de subir neles. No dia seguinte, terça-feira, recebi, vinda de minha casa em Barton End Grange, Nailsworth, uma carta escrita por minha criada avisando que Fox não aparecia havia dois dias. Respondi de imediato mandando que fizessem buscas minuciosas. No domingo, recebi uma carta escrita na véspera, informando que o cão tinha sido atacado e morto por dois buldogues, na noite da segunda-feira anterior.
>
> Voltei para casa quinze dias depois, e comecei de imediato uma diligente pesquisa, da qual resultou que na segunda-feira em causa, pelas cinco horas da tarde, uma senhora tinha visto os dois buldogues atacar e estraçalhar ferozmente meu cachorro. Uma outra senhora, que morava não longe dali, disse que pelas nove horas da noite do mesmo dia, ela tinha descoberto meu cão que jazia, moribundo, junto a um muro que me indicou, e que eu vi pela primeira vez. Na manhã seguinte, o cão tinha desaparecido. Soube a seguir que o proprietário dos bul-

> dogues, sabendo o que tinha acontecido e temendo as consequências, tivera o cuidado de enterrá-lo pelas 10:30 horas da mesma noite. A hora do acontecimento coincidia com a de meu sonho.
>
> E. W. Phibbs

O caso acima foi citado por diversas vezes pelo professor Charles Richet no seu Tratado de Metapsíquica, com o objetivo de demonstrar que podia ser explicado pela criptestesia, sem que fosse necessário supor um fenômeno de telepatia em que o animal tivesse desempenhado o papel de emissor e seu dono o de receptor. Diz ele a respeito:

"É muito mais razoável supor que foi a noção desse fato que chegou a seu espírito, em vez de admitir que a alma de Fox foi abalar o cérebro do sr. Phibbs".

Pela expressão "a noção desse fato" o sr. Richet refere-se a sua hipótese da "criptestesia", segundo a qual as coisas existentes, assim como toda ação no mundo animado ou inanimado desencadearia vibrações sui generis, perceptíveis para os sensitivos, que dessa forma estariam teoricamente em condições de saber tudo o que acontece, aconteceu ou acontecerá no mundo inteiro.

Respondi a essa hipótese em um longo artigo publicado na Revista Espírita, em 1922, página 256, onde contestei essa suposta onisciência das faculdades subconscientes, demonstrando, pelo exame dos fatos, que as faculdades em questão são, ao contrário, condicionadas – e portanto, limitadas – pela necessidade absoluta da "relação psíquica": isto é, que se não existe anteriormente algum laço afetivo ou, em casos mais raros, uma relação de simples conhecimento entre o emissor e o receptor, as manifestações telepáticas não podem ocorrer. A seguir, referindo-me ao caso em pauta, continuei dizendo:

> Se negarmos que o pensamento do cão, dirigido com intensa ansiedade para seu protetor ausente, tenha sido o emissor que desencadeou o fenômeno telepático; ou, em outros termos, se negarmos que o fato pôde ocorrer graças à existência de um "laço afetivo" entre o cão e seu dono, então não podemos deixar de perguntar: por que o

> sr Phibbs viu, justamente nessa noite, seu cão agonizante, e não viu todos os outros animais que, durante essa mesma noite, agonizavam certamente por toda parte? É impossível responder a essa questão senão reconhecendo que o sr. Phibbs não viu os animais morrendo no matadouro e noutros lugares porque não existia nenhum laço psíquico de qualquer espécie entre ele e esses animais. Ele viu, porém, a agonia de seu cão, porque existiam laços afetivos entre ele e o animal, e porque nesse momento o animal agonizante dirigia intensamente o pensamento para seu protetor ausente; circunstância que não tem nada de inverossímil e que é, ao contrário, muito provável em um pobre animal moribundo e que tinha urgente necessidade de ajuda.

Parece-me que o fundamento dessas conclusões é incontestável. De todo modo, nossos leitores encontrarão na presente lista numerosos exemplos de diversos tipos que confirmam amplamente minha forma de ver, e que contradizem a hipótese de uma criptestesia onisciente.

3º caso – (em sonho)

Retiro o caso a seguir do livro do sr. Flammarion O desconhecido e os problemas psíquicos.

> Posso citar-lhes ainda um fato pessoal, que me tocou bastante quando aconteceu, mas como desta vez se trata de um cão, talvez eu faça mal ao abusar de seu tempo. Peço desculpas, perguntando-me onde terminam os problemas.
>
> Eu era jovem, e tinha com frequência, em sonho, uma lucidez surpreendente. Nós tínhamos uma cachorra com uma inteligência incomum; ela era muito ligada a mim, embora eu a acariciasse pouco. Uma noite, sonhei que ela morria, e que me olhava com olhos humanos. Ao acordar, disse a minha irmã: "Lione morreu; sonhei com ela; é certo" Minha irmã riu e não me acreditou. Chamamos a criada e lhe pedimos para chamar a cachorra. Foi chamada mas não apareceu. Procuramos por toda parte, e por fim a encontramos morta num canto. Na véspera, ela não estava doente, e meu sonho não foi provocado por nada.
>
> Sra. R. Lacassagne, nascida Dutant (Castres).

Nesse caso também a hipótese mais verossímil é que o animal agonizante dirigiu o pensamento ansiosamente para sua dona, produzindo assim a impressão telepática que ela percebeu em sonho. Contudo, este fato é bem menos comprobatório que o anterior, tanto mais que, desta vez, não temos detalhes capazes de eliminar a outra hipótese, de um possível fenômeno de clarividência em sonho.

4º caso – (Impressão)

Extraio este caso da Light de 1921, página 187. O narrador é o sr. F. W. Percival, que escreve:

> O sr. Everard Calthorp, grande criador de cavalos puro-sangue, em seu último livro, intitulado The horse as comrade and Friend (O cavalo como companheiro e amigo), relata que há alguns anos possuía uma égua magnífica, chamada Windermere, da qual gostava muito e que lhe retribuía o afeto de uma forma a conferir a este caso um caráter realmente tocante. Por infelicidade a égua afogou-se num lago perto da fazenda do sr Calthorp, o qual descreve assim as impressões que experimentou nesse momento trágico:
> "Às 3:20 horas da madrugada, no dia 18 de março de 1913, acordei-me em sobressalto de um sono profundo, não devido a qualquer ruido ou relincho, mas por causa de um pedido de ajuda que me transmitia – não sei como – minha égua Windermere. Escutei; não se ouvia o menor ruido na noite calma. Mas assim que despertei por completo, senti vibrar em meu cérebro, em meus nervos, o apelo desesperado de minha égua. Soube então que ela se encontrava em grande perigo e pedia auxílio imediato. Vesti um sobretudo, calcei as botas, abri a porta e comecei a correr pelo parque. Não se ouvia nem relinchos nem lamentos, mas eu sabia, de uma forma incompreensível e prodigiosa, de que lado me vinha aquele sinal de "telegrafia sem fio", embora ele enfraquecesse rapidamente. Assim que saí, dei-me conta com terror que o sinal vinha da direção do lago. Corri e corri, mas sentia que as ondas vibratórias da "telegrafia sem fio" ressoavam sempre mais fracas em meu cérebro. Quando cheguei à beira do lago, tinham cessado. Fitando as águas, percebi que ainda estavam marcadas por pequenas ondas concêntri-

> cas que chegavam até a margem. No meio do lago, percebi uma massa escura que se delineava de forma sinistra à primeira luz da manhã. Compreendi então que era o corpo de minha pobre Windermere, e que infelizmente eu havia atendido tarde demais a seu chamado: ela estava morta'.

Sem dúvida, em casos como este, falta-nos o testemunho do emissor; mas isso não impede que as três regras de Myers, que se destinam a distinguir os casos telepáticos dos que não o são, sejam mesmo assim aplicáveis ao caso de que tratamos. As três regras são as seguintes:

1ª – Que o emissor se encontre numa situação excepcional (aqui, o emissor estava lutando contra a morte);

2ª – Que o receptor tenha experimentado algo psiquicamente excepcional, incluindo-se uma impressão tal que permita identificar o emissor (aqui, a impressão que revela o emissor está manifesta);

3ª – Que as duas ocorrências coincidam no tempo (essa condição também é preenchida).

Pode-se acrescentar que o impulso telepático foi suficientemente definido e enérgico para despertar o receptor de um sono profundo, fazê-lo entender que se tratava de um pedido de socorro por parte de sua égua, e dirigir-se, sem nenhuma hesitação, para o local do drama. Parece-me que não se pode colocar em dúvida a origem realmente telepática desse acontecimento.

5º caso

Encontra-se no Journal of the Society for Psychical Research, volume XII, página 21. Lady Carbery, esposa de lord Carbery, envia do castelo de Freke, condado de Cork, o seguinte relato, datado de 23 de julho de 1904.

> Durante uma tarde quente de domingo, no verão de 1900, fui depois do almoço fazer minha visita costumeira às estrebarias, a fim de distribuir açúcar e cenouras aos cavalos, entre os quais havia uma égua desconfiada, nervosa, chamada Kitty, da qual eu gostava muito. Havia grande simpatia entre ela e eu. Montava nela todas as manhãs, antes do almoço, com qualquer tempo. Eram passeios tranquilos e solitários ao longo das colinas com vista para o mar e sempre me pareceu que Kitty se alegrava,

como sua dona, com esses passeios na frescura matinal. Na tarde em questão, ao sair das estrebarias, fui sozinha para o parque, andando um quarto de milha, e sentando depois à sombra de uma árvore, com um livro muito interessante. Minha intenção era de ficar por ali cerca de duas horas. Após uns vinte minutos, um fluxo de sensações penosas veio se interpor entre minha leitura e eu. Ao mesmo tempo, tive a certeza de que alguma coisa dolorosa tinha acontecido com minha égua Kitty. Tentei afastar essa impressão, continuando a ler, mas a impressão aumentou e de tal maneira que fui obrigada a fechar o livro e me dirigir às estrebarias; chegando lá, fui direto para a baia de Kitty; encontrei-a estendida no chão, em sofrimento, precisando de auxílio imediato. Fui imediatamente procurar os rapazes da estrebaria, que se encontravam em outro local, distante daquele. Eles acorreram para prestar à égua os cuidados necessários. A surpresa deles foi grande, ao ver-me aparecer na estrebaria pela segunda vez, circunstância absolutamente insólita.

O cocheiro que cuidou da égua na ocasião confirma assim o relato:

> Eu era cocheiro no castelo de Freke, e Sua Senhoria veio à tarde para distribuir, conforme seu hábito, açúcar e cenouras aos cavalos. Kitty estava solta em sua baia e em excelentes condições de saúde. Logo depois, fui para meu alojamento, acima das estrebarias, e os rapazes subiram para seus quartos. Após uma meia hora ou três quartos de hora, fiquei surpreso ao ver Sua Senhoria retornar e vir chamar-me, assim como os rapazes, dizendo-nos para ir socorrer Kitty, que estava deitada no chão, presa de um mal súbito. Nesse meio tempo, nenhum de nós havia entrado nas estrebarias.
>
> Edward Nobbs

Este segundo caso é menos sensacional que o primeiro: a impressão telepática sentida por lady Carbery também foi menos precisa. Contudo, foi suficientemente forte para dar à receptora a convicção de que as sensações que experimentava indicavam que a égua Kitty precisava com urgência de ajuda, e para decidi-la a ir imediatamente ao local. Essas circunstâncias excepcionais e de significado preciso e sugestivo, são suficientes para nos autorizar a concluir pelo caráter telepático deste caso.

6º caso – (impressão)

Este caso apareceu na Light de 1915, p. 168. O sr. Mildred Duke, sensitivo conhecido e autor de artigos aprofundados sobre temas metapsíquicos, relata o seguinte fato, que lhe aconteceu pessoalmente.

> Há alguns dias, demorei-me a escrever até uma hora avançada e estava absorvido pelo assunto de que tratava, quando fui literalmente invadido pela ideia de que minha gata estava precisando de mim. Tive que erguer-me e ir procurá-la. Depois de andar inutilmente pela casa, fui para o jardim e, como a obscuridade me impedia de enxergar, comecei a chamá-la. Por fim escutei um fraco miado a distância. Cada vez que eu repetia o chamado, o miado respondia, mas a gata não aparecia. Entrei de novo para munir-me de uma lanterna. Atravessei então a horta e me dirigi para um campo de onde me pareciam vir os miados. Depois de procurar um pouco, encontrei minha gata numa sebe, presa numa armadilha para coelhos, com o nó em torno do pescoço. Se ela tivesse tentado puxar e se libertar, teria sido estrangulada. Felizmente, ele foi inteligente para não se mexer e enviar a seu dono um pedido de socorro pela "telegrafia sem fio".
>
> Trata-se de uma gata de que gosto muito. Não é a primeira vez que uma relação telepática se estabeleceu entre ela e eu. Alguns dias atrás, pensávamos que tivesse se perdido, porque não a encontrávamos em lugar nenhum, e a chamamos em vão por todo o jardim. De repente, por uma espécie de fotografia mental, eu a vi presa numa pequena peça vazia sob a cumieira da casa, peça que ficava quase sempre fechada. A visão era verdadeira. A gata, não se sabe como, estava fechada ali. Teria me enviado também, dessa vez, uma mensagem telepática para me avisar que estava presa?

Neste caso também não é possível duvidar da origem telepática das duas impressões sensoriais tidas pelo autor do relato.

7º caso – (Impressões)

Encontra-se no Journal of the S.P.R, volume XI, página 323. O sr. J.F.Young relata o caso seguinte, que lhe ocorreu pessoalmente.

> Possuo um cão terrier com a idade de cinco anos, que eu mesmo criei. Sempre amei muito os animais, sobretudo os cães. Esse que menciono retribui de tal maneira meu afeto, que não posso ir a lugar nenhum, nem sair de meu quarto, sem que me siga o tempo todo. É um tremendo caçador de ratos. Como a despensa é às vezes frequentada por esses roedores, eu coloquei ali uma caminha bem confortável para Fido. Na mesma peça, existia um fogão e anexo um forno de assar pão, assim como uma caldeira para a lavagem da roupa, provida de um cano que ia até a chaminé. Eu não deixava nunca, à noite, de acompanhar o cão à sua caminha antes de me retirar.
>
> Tinha me despido e ia deitar-me, quando fui tomado de repente pela sensação inexplicável de um perigo iminente. Não me ocorria outra coisa a não ser o fogo. A impressão era tão forte que acabei cedendo a ela. Vesti-me novamente, desci e me pus a examinar a casa peça por peça, para me assegurar de que tudo estava em ordem. Chegando à despensa, não enxerguei Fido. Achando que ele pudesse ter saído de lá para ir ao andar de cima, chamei-o, em vão. Fui de imediato até minha cunhada para pedir-lhe notícias, mas ela não sabia dele. Comecei a me sentir inquieto. Voltei de imediato para a despensa e chamei várias vezes o cão, sempre inutilmente. Não sabia o que fazer. De repente, me veio à cabeça que se havia algo que podia fazê-lo atender, seria a frase: "Vamos passear, Fido", convite que o deixava sempre muito alegre. Falei isso, e um lamento sufocado, como enfraquecido pela distância, me chegou aos ouvidos. Repeti, e ouvi distintamente o lamento de um cão agoniado. Pude confirmar que o som vinha do interior do cano que comunicava a caldeira com a chaminé. Não sabia o que fazer para retirar o cão dali; os instantes eram preciosos; sua vida estava em perigo. Peguei uma picareta e comecei a quebrar a parede naquele ponto. Consegui por fim, com muita dificuldade, retirar Fido dali, meio sufocado, sacudido por ânsias de vômito, com a língua e o corpo inteiramente pretos de

fuligem. Se tivesse demorado mais alguns instantes, meu pequeno amigo estaria morto. Como só usamos muito raramente a caldeira, eu não teria provavelmente sabido jamais qual o fim dele. Minha cunhada tinha acorrido com o barulho. Descobrimos juntos um ninho de ratos dentro do forno, ao lado do cano. Fido, evidentemente, tinha perseguido um rato até o interior do cano, de forma tal que ficou preso sem poder virar-se nem sair.

Isso tudo aconteceu faz alguns meses, e foi na ocasião noticiado pela imprensa local. Porém eu jamais teria pensado em relatar o fato a essa Sociedade se não tivesse acontecido, nesse ínterim, o caso do sr. Rider Haggard.

J.F. Young
New Road, Llanella, 13/11/1904

A Sra. Bennet, cunhada do signatário, confirma o relato de seu parente.

Para outras informações sobre esse episódio, indico o Journal of the S.R.P. vol. XI, p.323.

Esse quarto caso de telepatia por impressão difere sensivelmente dos precedentes, nos quais o traço característico essencial da transmissão telepática consistiu na percepção exata de um chamado provindo de um animal em perigo, e da localização intuitiva do local onde ele se encontrava. Aqui, ao contrário, a impressão do receptor sugere-lhe a ideia de um perigo iminente relativo ao fogo. Contudo, a impressão é forte o suficiente para o levar a vestir-se a toda pressa e a ir inspecionar a casa, de forma que, chegando à despensa e percebendo a ausência do cão, o chama, procura por ele e o salva. Segue-se que neste caso, a mensagem telepática se realiza de forma imperfeita, assumindo uma forma simbólica; o que não retira nada de seu valor intrínseco, pois essa circunstância não constitui de forma alguma uma dificuldade teórica. Sabe-se, com efeito, que as manifestações telepáticas, em sua passagem do subconsciente ao consciente, seguem a "via de menor resistência" determinada pelas idiossincrasias especiais do receptor. Elas constituem sobretudo no "tipo sensorial" a que pertence o receptor (visual, auditivo, motor, etc.), depois nas condições do meio em que vive (hábitos, repetição dos mesmos incidentes no curso de vida quotidiana). Segue-se que, quando a emissão telepática não consegue se realizar da forma mais direta, ela se transforma em uma modalidade de percepção indireta, ou simbólica, que traduz com maior ou menor fidelidade o pensamento do emissor telepático, mas mantendo sempre uma certa ligação com o pensamento dele. Dito isso, deve-se observar que, no caso em exame, o chamado ansioso do cão em perigo foi impressionar o subconsciente do receptor. Apenas, para chegar a sua consciência, deve ter perdido uma grande parte da nitidez, transformando-se em uma vaga impressão de perigo imediato em relação com o fogo; o que correspondia ainda à realidade, porque o animal encontrava-se efetivamente preso e em perigo de morte por asfixia no cano do forno.

8º caso – (Auditivo).

O dr. Emile Magnin relata aos Annales des Sciences Psychiques, 1912, p.347, o caso a seguir.

> Acabo de ler com bastante interesse o relato que é feito nos Annales sobre o cão Boby. Um fato mais ou menos parecido me foi contado, faz alguns anos, pelo sr. P.M., advogado muito talentoso... Relato-lhes brevemente o caso, convencido de que, por analogia com o caso Boby, irá interessar a seus leitores.
>
> O sr. P.M, advogado do Tribunal de Recursos, possuía uma cachorra spaniel chamada Créole. Morava em Paris junto com ele, e dormia no corredor, atrás da porta de seu quarto. Cada manhã, ao primeiro movimento de seu dono, ele arranhava a porta e gemia até que lhe fosse aberta.
>
> Durante uma temporada de caça, o sr. P.M. deixou sua cachorra Créole aos cuidados de um guarda-caça em Rambouillet.
>
> Num sábado de manhã cedo, o sr. P.M. ouviu arranhar e gemer à sua porta. Muito admirado de ouvir sua cachorra, levantou-se prontamente, certo de que seu guarda-caça tinha vindo a Paris para alguma comunicação urgente. Ficou estupefato ao não encontrar nem o guarda nem a cachorra. Duas horas mais tarde, um telegrama do guarda lhe informava que a cachorra Créole tinha sido acidentalmente morta por um caçador.

Também neste episódio, no qual a alucinação verídica foi do tipo auditivo, não é possível duvidar da origem realmente telepática da manifestação. Quanto às condições em que o caso aconteceu, é útil notar que a emissão telepática foi, neste caso também, de natureza indireta ou simbólica. Retomando as considerações que fizemos sobre o assunto, diremos que, como a cachorra morta tinha, quando viva, o hábito de arranhar a porta de seu dono e de gemer enquanto não era aberta, ocorreu que a emissão telepática, não podendo se realizar de forma direta, o fez de maneira indireta e simbólica, assumindo as formas que eram mais familiares ao receptor, e ligadas ao pensamento do emissor. Noto que o fato de uma lei fundamental das manifestações telepáticas se cumprir rigorosamente, mesmo quando se trata de um emissor animal, possui um grande valor teórico, pois é difícil não concluir disso que, se as manifestações telepáticas animais se submetem às mesmas leis que as manifestações telepáticas humanas, resulta daí a identidade da natureza do elemento espiritual que age nas duas circunstâncias.

9º caso – (Auditivo-coletivo)

Extraio do Journal of the Society ofr Psychical Research, 4º volume, páginas 289-290, o seguinte caso, relatado pela sra. Beauchamp, de Hunt Lodge, Twiford, em uma carta dirigida à sra. Wood Colchester, da qual reproduzimos a seguinte passagem:

> Megatherium é o nome de meu pequeno cão indiano, que dorme no quarto de minha filha. Na noite passada, acordei-me de repente, ouvindo-o pular no quarto. Conheço muito bem seu jeito de saltitar, muito característica. Meu marido, por sua vez, não tardou a acordar também. Perguntei-lhe "Estás ouvindo?" Ele respondeu: "É Meg". Acendemos de imediato uma vela, olhamos por toda parte, mas não encontramos nada no quarto. A porta estava bem fechada. Então, veio-me à ideia que algum mal tinha acontecido com Meg. Tinha a sensação de que ele teria morrido naquele momento. Olhei o relógio para marcar a hora, e pensei que deveria descer e ir imediatamente conferir a intuição. Entretanto, isso me parecia bastante absurdo, e além disso, estava tão frio!... Fiquei indecisa

> por um instante, e recai no sono. Muito pouco tempo deve ter se passado, quando alguém bateu á porta. Era minha filha que, com grande ansiedade, disse: "Mamãe, mamãe, Meg está morrendo". Descemos a escada num pulo e encontramos Meg deitado de lado, as pernas estendidas e rígidas como se estivesse morto. Meu marido o ergueu do chão e constatou que o cão ainda estava vivo mas não se deu conta de imediato do que acontecera. Constatamos por fim que Meg, não se sabe como, tinha enrolado a correia de sua roupinha ao redor do pescoço, de tal modo que estava quase estrangulado. Nós o libertamos de imediato e assim que ele pôde respirar, não tardou a se reanimar e restabelecer-se.
>
> De ora em diante, se eu tiver sensações claras dessa espécie a respeito de qualquer um, eu me disponho a acudir sem demora. Eu poderia jurar que tinha ouvido o saltitar característico de Meg ao redor da cama; meu marido pode dizer o mesmo.

Para outras informações sobre o caso, remeto ao Journal, loc.cit.

Nesse caso, cuja origem claramente telepática parece fora de dúvida, ainda mais que, desta vez, as pessoas que tiveram as impressões auditivas foram duas, nesse caso, repito, a transmissão telepática ocorre sob forma simbólica; isto é, um pedido urgente de socorro, oriundo da mente do cãozinho emissor, chega ao receptor transformado no eco característico do saltitar que o animal repetia todas as manhãs ao redor da cama de seus donos. Ora, é incontestável que uma percepção telepática dessa categoria, dadas as circunstâncias em que ocorreu, não poderia ser a expressão exata do pensamento do emissor, mas apenas uma tradução simbólico-verídica do mesmo pensamento. De fato, se é lógico e natural pensar que um animal prestes a morrer estrangulado tenha voltado com intensidade o pensamento para aqueles que eram os únicos capazes de salvá-lo, não seria, ao contrário, admissível em absoluto que o animal, nesse momento extremo, tivesse pensado nas brincadeiras que tinha o costume de fazer todas as manhãs ao redor da cama de seus donos.

10º caso – (Auditivo, com coincidência de percepção luminosa).

Retiro o presente caso do volume VIII, p.45, dos Annales des Sciences Psychiques que o reproduziram da revista italiana Il Vessillo Spiritista.

A srta. Lubow Krijanowski, filha do general de mesmo nome, e irmã da srta. Wera Krijanowski, hoje sra. Semenoff, relata o seguinte fato que lhe aconteceu, e que se liga à questão tão debatida da alma dos animais:

> Trata-se de um cãozinho que era o preferido de todos nós, sobretudo de Wera. O animal ficou doente, um pouco devido a essa afeição e da extrema indulgência que daí resultava. Tinha sufocações e tossia. O médico veterinário que o tratava não achava que a doença fosse perigosa. Contudo, Wera se preocupava bastante, e levantava-se de noite para fazer-lhe fricções e dar-lhe o remédio. Ninguém pensava que ele pudesse morrer.
>
> Uma noite, o estado de Bonika – era o nome do cãozinho – piorou de repente. Ficamos apreensivos, sobretudo Wera. Decidimos que de manhã iríamos ao veterinário, pois se nos limitássemos a chamá-lo, ele viria somente à noite.
>
> Pela manhã Wera e nossa mãe saíram com o doentinho. Eu fiquei, e me pus a escrever. Estava tão absorvida nisso que esqueci a saída delas; foi quando, de repente, escutei o cão tossir no quarto vizinho. Era onde se encontrava sua cama. Desde que ele ficara doente, mal começa a tossir ou a gemer, algum de nós ia ver o que precisava, lhe dava de beber, dava-lhe o remédio ou ajustava a atadura que tinha ao pescoço.
>
> Levada pelo hábito, levantei-me e me aproximei de sua cama. Vendo-a vazia, lembrei que mamãe e Wera tinham saído com Bonika e fiquei perplexa, porque a tosse tinha sido tão alta e clara que tinha que afastar qualquer ideia de engano.
>
> Estava ainda pensativa diante da caminha quando, perto de mim, ouvi um daqueles gemidos com que Bonika nos saudava quando chegávamos. Foi seguido por outro que parecia vir do quarto vizinho, depois por um terceiro que parecia perder-se na distância.
>
> Confesso que senti um estremecimento desagradável.

> Veio-me a ideia de que o cão tivesse morrido. Olhei o relógio: era meio dia menos cinco minutos.
>
> Inquieta e agitada, fui para a janela e esperei os familiares com impaciência. Vendo Wera chegar sozinha, corri para ela e lhe disse à queima-roupa: "Bonika morreu". "Como sabes?" disse ela, estupefata. Antes de respondeu, perguntei se ela sabia a que horas precisamente ele tinha morrido. "Alguns minutos antes do meio-dia", respondeu ela, e me contou o que segue.
>
> Quando chegaram ao veterinário, pelas onze horas, ele já havia saído, mas a criada pediu-lhes que esperassem, pois seu patrão devia voltar pelo meio-dia, a hora em que começavam as consultas. Elas ficaram; mas como o cão se mostrava cada vez mais agitado, Wera ora o colocava sobre o sofá, ora no chão, e consultava o relógio com impaciência. Acabava de constatar com grande satisfação que faltavam poucos minutos para o meio-dia, quando o cão teve uma sufocação. Wera quis recolocá-lo no sofá, mas quando o ergueu, viu de repente o animal, assim como suas mãos, envoltos por uma luz vermelha tão intensa e brilhante que, não entendendo o que acontecia, exclamou: "Fogo!". Mamãe não viu nada, mas como ela estava de costas para a lareira, pensou que havia prendido fogo em seu vestido, e voltou-se assustada; viu então que não havia fogo na lareira, mas a seguir, constataram que o cão acabava de expirar, o que fez com que mamãe esquecesse de ralhar com Wera por seu grito intempestivo e pelo susto que lhe causara.

Note-se que esse fato se reveste também de um caráter simbólico. Nada mais comum, de fato, que esses casos de transformação mais ou menos aberrante das emissões telepáticas de acordo com as idiossincrasias próprias dos receptores. Contudo, quando os casos dessa natureza acontecem entre criaturas humanas e o emissor é um falecido, é admissível supor que possam ocorrer às vezes pela vontade do emissor, que se adaptaria assim às idiossincrasias do receptor. E isso embora as modalidades nas quais esses casos ocorrem dependam sempre do fato de que uma emissão telepática deve necessariamente seguir a "via de menor resistência" para chegar á consciência do receptor. Nas compilações de casos publicados pela Society for P.R. encontramos um caso no qual uma entidade morta se manifesta simultaneamente de três formas diferentes a três pessoas, quando uma percebe o fantasma, outra lhe escuta a voz que diz uma frase de saudação, enquanto a terceira sente um suave perfume de violetas, o que coincide com o fato de que o corpo do falecido, em seu leito de morte, tinha sido literalmente coberto de violetas. Em semelhantes circunstâncias, seria razoável supor que a entidade que se manifestava agiu de forma deliberada, de maneiras diversas, adaptando-se necessariamente às idiossincrasias pessoais dos receptores. Ou seja, que se manifestou de forma objetiva à pessoa do "tipo visual", transmitiu uma frase de saudação à pessoa do "tipo auditivo", e por fim criou uma sensação olfativa na pessoa em que a "via de menor resistência" era o sentido do olfato. O fato que torna plausível essa variante explicativa é a frase de saudação que ouviu a pessoa do "tipo auditivo", frase que dificilmente poderia ter sido criada na passagem da subconsciência à consciência, numa única emissão telepática. Tudo se explicaria facilmente supondo-se que a frase em questão foi pensada e transmitida pela entidade que se comunicava.

Voltando ao caso antes referido, noto uma circunstância que complica a interpretação teórica: a cadelinha Bonika morrera nos braços de sua dona. Isso leva a pensar que não houvesse, no animal moribundo, razões emocionais que levassem seu pensamento para outra pessoa da família que estivesse na casa, criando por isso um fenômeno telepático. Nessas condições, deve-se concluir que, muito provavelmente, acontece com os animais o que ocorre com frequência com as criaturas humanas: isto é, que o enfermo produza, ao morrer, emissões telepáticas só pelo fato de dirigir um pensamento de saudade ao ambiente distante onde viveu por um tempo longo e feliz. Observo contudo que, no caso de criaturas humanas, haveria uma outra explicação que seria de natureza não telepática, mas espírita: ou seja, que em circunstâncias especiais, o espírito do morto, assim que fica livre dos laços corporais, volta ao ambiente em que viveu, e tentaria demonstrar sua presença aos familiares.

Quanto ao fenômeno luminoso percebido pela jovem que tinha nos braços a cadelinha Bonika no momento da morte, não diz respeito às manifestações que nos propusemos analisar. Sob outro ponto de vista, não deixa de ser interessante e sugestivo, pois fenômenos semelhantes acontecem às vezes no leito de morte de pessoas humanas.

11° caso – (Visual)

Retiro o fato a seguir de um interessante artigo da sra. E. d'Esperance, publicado na Light, na data de 22 de outubro de 1904, p.511.

> ...Uma única vez aconteceu comigo algo parecido com uma prova pessoal da presença em espírito de um animal que eu havia conhecido muito bem em vida. Tratava-se de um pequeno terrier, muito apreciado por minha família, o qual, com a morte de seu dóno, tinha sido dado a um de seus admiradores, que morava a uma centena de milhas de nossa casa. Um ano depois, quando eu entrava de manhã na sala de jantar, vi com grande espanto a pequena Morna que corria e saltitava em torno da sala e parecia presa de um frenesi de alegria. Girava e girava, às vezes se escondendo sob a mesa, às vezes se enfiando sob as cadeiras, como costumava fazer nos momentos de excitação e alegria, depois de uma ausência mais ou menos longa da casa. Conclui naturalmente que o novo dono de Morna a tinha trazido até ali, ou que, no mínimo, ela tivesse conseguido encontrar sozinha o caminho de sua antiga casa. Fui de imediato inquirir os outros membros da família a respeito, mas ninguém sabia nada. Por outro lado, não adiantou procurá-la por toda parte e chama-la pelo nome. Morne não apareceu mais. Disseram então que eu devia ter sonhado, ou, pelo menos, ter sido vítima de uma alucinação. O incidente foi esquecido sem demora.
>
> Passaram-se meses, talvez um ano, antes que nos encontrássemos com o novo dono de Morna. Pedimos-lhe sem demora notícias. Disse ele que Morna tinha morrido por causa dos ferimentos que recebera durante uma luta contra um cachorro grande. Ao que pude saber, a luta tinha acontecido na mesma data, ou muito pouco tempo antes do dia em que eu a tinha visto (em espírito) correr, saltar e girar ao redor da sala de sua antiga casa.

Esse relato lembra a última consideração que fiz sobre o caso precedente, isto é, que no caso de criaturas humanas, pode-se às vezes pensar que não se trata precisamente de uma alucinação telepática que reproduz a forma do emissor, mas sim o espírito do próprio emissor que, assim que se desprende dos laços da matéria, retorna ao ambiente em que viveu, tentando mostrar sua presença aos familiares. Embora não se tratasse de uma criatura humana, mas de uma cadelinha, é preciso reconhecer que a maneira como se comportou o fantasma – correndo e saltitando pela sala, presa de um acesso de alegria – como a cadela viva tinha o hábito de fazer após uma longa ausência, leva irresistivelmente à ideia da presença espiritual da cachorra morta.

E, afim de prevenir qualquer objeção possível relativa a essa ideia, que poderia parecer, à primeira vista, gratuita e audaciosa, lembrarei que na introdução desta obra já preveni os leitores de que iria relatar, no devido momento, bons exemplos de aparições post mortem de fantasmas de animais identificados, que foram vistos, seja coletivamente por várias pessoas, seja sucessivamente por diversos receptores que ignoravam a experiência uns dos outros. Segue-se que esses fatos, absolutamente idênticos aos que se produzem nas aparições post mortem dos fantasmas humanos, justificam e confirmam a suposição que acabo de propor.

12º caso – (Visual).

O caso a seguir foi retirado dos Proceedings of the S.P.R. vol.XIV, p.285; é relatado pela sra. Mary Magot:

> Em 1883, estávamos hospedados no Hotel des Anglais, em Menton. Eu tinha deixado em casa, em Norfolk, um pequeno cão terrier amarelo escuro chamado Judy, meu predileto. Eu o deixara aos cuidados do nosso jardineiro. Um dia, quando estava sentada à mesa de refeições, enxerguei de repente meu cãozinho atravessando a sala. Sem pensar, exclamei: "Como é que ele está aqui; Judy!". E não havia cão algum no hotel. Assim que pude subir para ver minha filha, que estava doente e na cama, lhe contei o fato. Alguns dias depois, recebi uma carta contando que Judy, ao sair numa manhã com o jardineiro

> para seu passeio diário, tinha sofrido um mal súbito, pela hora do almoço, e tinha morrido meia hora depois. Passou-se muito tempo, e não sou capaz de lembrar com exatidão se havia concordância entre as datas. Minha impressão, contudo, é que o cãozinho tinha morrido precisamente no dia em que o vi.

A filha da sra. Bagot, a sra. Wodehouse, a pedido de Myers, remeteu-lhe o jornal que guardara de sua estada em Menton. Ali se fala do caso acontecido com sua mãe, nestes termos: "24 de março de 1883.Mamãe, durante o jantar, viu o fantasma de Judy". A mesma senhora relata a Myers suas recordações desse caso; cito delas as linhas seguintes:

> Lembro-me perfeitamente que meu pai, minha mãe, minha irmã, a sra. Algernon Law e minha prima, a srta. Dawnay, entraram juntos em meu quarto e me contaram, rindo, que a mãe tinha visto Judy atravessar a sala enquanto estavam à mesa de refeições. Minha mãe estava tão certa do que tinha visto que alguém, creio que meu pai, foi perguntar a um garçom do hotel se havia cães no estabelecimento, ao que responderam negativamente.

Para outras informações a respeito, envio o leitor ao volume dos Proceedings, loc.cit., e ao Journal of the S.P.R., vol. VII, p. 243.

Este caso é em tudo semelhante ao anterior, menos pelo fato de que, desta vez, o fantasma do cãozinho morto se limitou a atravessar a sala, sem dar nenhum sinal de ter consciência do local onde se encontrava, nem da presença de sua dona – modalidade passiva, conforme acontece nas alucinações telepáticas propriamente ditas; enquanto, no caso anterior, o animal comportou-se de maneira espontânea e ativa, como se se tratasse efetivamente da presença espiritual, no local, da cadelinha morta.

13º caso – (Visual tátil, com telecinesia)

Camille Flamarion encaminhou aos Annales des Sciences Psychiques (1912, p. 279) o relato seguinte, que lhe enviou o sr. G. Graeser, residente em Lausanne:

> Permite-me relatar-lhe um pequeno caso que tem a ver

com as manifestações de que o senhor fala em seu livro L'Inconnu? Não o mencionaria se não houvesse visto um semelhante em sua obra.

Não se trata de uma pessoa, mas de um animal... Um pouco solitário, gostando do estudo e não da vida mundana, não tenho amigos; mas tive um: era um cão. Era mais inteligente que muitos homens. Era meu guardião; quando à noite eu ficava sozinho contemplando o céu, ele se deitava fielmente a meus pés. Seu pelo espesso – era um São Bernardo – me cobria as pernas. Eu tinha dificuldade de me mexer quando queria seguir a marcha de uma estrela. Se estivesse em meu quarto lendo, ele ficava sentado, me olhando, direi até que me compreendendo. Eu sentia que ele gostava da solidão tanto quanto eu, e por isso não nos separávamos.

Conto isso para que o senhor possa compreender minha afeição por ele e por que o considerava como um amigo.

Foi em dezembro de 1910, no dia 14 exatamente, que minha mãe levou meu Boby com ela. Devo dizer que ele tinha o hábito desagradável de, quando alguém se aproximava dele, ser um pouco ruidoso demais. Além disso, quando eu discutia com meu pai, ele se metia e tomava seriamente o meu partido.

Depois de alguma queixa dele, creio (só vim a saber tarde demais, ai de mim!), meus pais decidiram mandar abatê-lo. Era de noite, às sete horas e meia. Eu estava em meu quarto e ouvi a porta se abrir (ele a abria sozinho, pois era tão alto como eu; media 1:80m). Ouvi a porta se abrir e vi aparecer meu Boby. Ele ficou, com um ar de sofrimento, na soleira da porta. Eu disse: "Vem, Boby!", sem levantar os olhos; ele não atendeu. Repeti a ordem, e ele chegou. Roçou-me as pernas e se deitou no assoalho; quis acariciá-lo, mas... nada, ele não estava mais lá!...

Embora eu nunca tivesse lido histórias parecidas no L'Inconnu, precipitei-me para fora do quarto. A porta tinha ficado aberta. Telefonei para Lausanne e pedi o Centro de Abates. Eis textualmente o nosso diálogo:

– É do Centro de Abates.

– Vocês viram uma senhora vestida de preto com um cão S.Bernardo?

– Acabamos de abater um, faz dois minutos; ele está deitado ali e a senhora junto.

Ouvindo isso, cai de costas e desmaiei.

Quando voltei a mim, perguntei por meu cão; ele não estava mais, estava morto. Contaram-me a história dramática.

Essa é a história de meu Boby. Note-se que no momento em que ele morria eu o vi com meus próprios olhos, e o que descarta qualquer alucinação é que a porta se abriu sozinha.

O sr. Flammarion pediu a um professor da Universidade de Lausanne que fizesse uma pequena investigação sobre esse caso.

O investigado respondeu confirmando o relato do jovem sr. Graeser.

Neste caso notável, encontramos duas coisas que só acontecem raramente nos casos de alucinação telepática. O primeiro e mais importante consiste no fato de que a aparição do fantasma do cão foi precedida pelo fenômeno físico da porta que se abriu. Na fenomenologia telepática encontramos com frequência episódios em que o receptor vê uma porta se abrir e entrar um fantasma; mas a porta quase sempre é encontrada, depois, devidamente fechada, o que mostra que o fenômeno físico suposto era apenas uma visão alucinatória complementar da outra. Ao contrário, neste caso – como, aliás, em grande número de outros – e porta foi encontrada aberta pelo receptor. Não se tratava, pois, de uma alucinação, mas de um fenômeno físico de natureza supranormal. O fenômeno em questão só poderia ser explicado reconhecendo-se o fundamento do que apontamos acima, isto é, que as aparições que chamamos de telepáticas não sempre isso, no sentido puramente alucinatório verídico que que se atribui à telepatia. Pode se tratar por vezes de verdadeiras aparições objetivas, implicando a presença no local da entidade espiritual que se manifesta. Essa entidade, após a morte recente e violenta, ficaria, durante algum tempo, saturada de "força vital" e poderia assim agir ainda sobre a matéria. Se o fato da porta que se abriu foi bem observado, somos levados então a supor que o fantasma do cão não era uma simples projeção alucinatória-verídica, mas sim a objetivação de alguma coisa semelhante ao "perispírito" do cão.

De certo modo, a declaração seria confirmada por outra circunstância ocorrida durante a manifestação: ou seja, que o cão atendeu ao chamado de seu dono entrando no quarto e deitando-se aos pés do jovem e roçando suas pernas. Esses detalhes levam à hipótese de uma presença real, pois em geral as aparições telepáticas são inertes como estátuas. Quando se deslocam e caminham, o fazem de maneira automática, como ignorando o local onde se encontram – tudo conforme a teoria de que elas consistem em simples imagens projetadas exteriormente pelo pensamento do receptor, influenciado pelo do emissor.

É verdade que em certos casos os fantasmas telepáticos mostram que não ignoram o local em que se encontram nem as pessoas que os veem e às quais às vezes dirigem a palavra. Mas, nesses casos, pode-se perguntar se não se trata realmente, sempre, de manifestações objetivas. Em resumo, como tudo leva a comprovar que as aparições de fantasmas têm causas diversas, de modo que existem com certeza fantasmas objetivos (entre os quais toda a categoria dos fenômenos de "bilocação"), nada impede que se admita também o mesmo para uma parte das manifestações que passam por telepático-alucinatórias.

14º caso – (Visual).

O reverendo Ellis G.Roberts envia à Light (1922, página 241) o relato de um caso supranormal acontecido com sua filha e descrito por ela nos seguintes termos:

> Eu tinha um cão terrier irlandês chamado Paddy e do qual gostava muito. Ele também gostava muito de mim. Numa manhã, Paddy não apareceu à hora do café da manhã; não me preocupei, porque ele costumava ir passear sozinho, embora fosse quase sempre pontual à hora das refeições. Pelas nove horas, eu estava na cozinha, que dá para uma pequena arcada de onde, por outra porta, se chega à despensa. A porta externa estava aberta, e de onde estava eu podia ver o jardim. Era um dia ensolarado; o chão estava coberto de neve. Olhando para fora, vi Paddy chegar saltitando na neve, atravessar o jardim, entrar na arcada e desaparecer na despensa. Fui atrás dele, mas

não o encontrei em parte alguma. Surpresa e perplexa, voltei à cozinha, onde estavam várias pessoas que, não tendo visto nada, quiseram me convencer de que eu tomara por Paddy um outro cão de raça dálmata, de pelo malhado, muito maior que Paddy e muito diferente de um terrier irlandês. Esse outro cão também ficava na casa. Não liguei para essa tentativa de explicação, porque me pareceu absurda. Eu tinha visto muito bem meu cãozinho sobre um fundo brilhante de neve, notando o contraste entre seu pelo negro e a brancura do entorno. Recomecei então a procurar por toda parte, mas inutilmente. Paddy não estava na casa.

Depois de mais ou menos uma hora e meia, eu o vi chegar em condições lamentáveis. Tinha retalhos de pele arrancados do peito e das pernas e lhe faltavam quatro ou cinco dentes. Evidentemente o pobre animal tinha sido atacado e maltratado sem piedade. Nunca chegamos a saber o que tinha acontecido. Ele morreu alguns meses depois. Não creio, porém, que sua morte tenha sido causada pelos ferimentos.

As conclusões do reverendo Ellis Roberts parecem consistentes e sólidas, portanto não é necessário nos determos sobre isso. Será mais útil notar, mais uma vez, que as condições em que o fato ocorre levam a confirmar de novo a regra que mencionamos acima, isto é, que as manifestações telepáticas se produzem geralmente seguindo a “via de menor resistência” que encontram nas faculdades sensoriais do receptor. Se assim não fosse, quando um emissor telepático se encontra numa situação dramática e volta seu pensamento para um protetor que está longe, este deveria invariavelmente perceber a imagem do emissor de acordo com a situação em que se encontra. Na verdade, a agitação devida à situação em que se encontra só toma conta momentaneamente de todo o campo da consciência do emissor. Pareceria não haver lugar para outra ideia senão aquela que toma conta dele no momento da transmissão telepática. Ao contrário, constata-se na prática que essa correspondência com a representação verídica dos acontecimentos só acontece raramente nas transmissões telepáticas.

Assim como não aconteceu no caso da filha do reverendo

Roberts, onde vemos que um cãozinho atacado e maltratado que tinha voltado o pensamento para sua protetora ao longe, determina nesta última uma manifestação telepática. Na sequência, a jovem, em vez de enxergá-lo na condição em que se encontra, o vê entrar na casa andando calmamente, atravessar o jardim e entrar na despensa. Ou seja, ela o visualiza em uma das formas habituais de sua atitude de todos os dias. Ora, essa diferença entre o pensamento do emissor e a visualização do receptor só pode se explicar graças à lei psíquica que mencionamos, segundo a qual toda emissão telepática está sujeito a se transformar, no receptor, na imagem que lhe é mais familiar em relação ao emissor.

Apontarei, por último, que quando uma visualização telepática é a reprodução fiel da situação em que se encontra o emissor, isso significa que a relação psíquica entre o emissor e o receptor é tão harmoniosa que não existem obstáculos para a transmissão telepática.

15º caso – (Visual)

Foi publicado na Light (1918, página 189) pela sra. Joy Snell, a sensitiva clarividente bem conhecida, autora do livro The Ministry of Angels, onde ela coletou as visões mais importantes que teve entre aquelas de numerosas aparições de moribundos no leito de morte, obtidas no curso do exercício de sua profissão de enfermeira; ela é enfermeira diplomada. Embora o relato seja longo, e a primeira parte não se refira diretamente ao assunto de que tratamos, vou transmiti-lo por inteiro, dado o interesse psicológico que oferece. A sra Joy Snell diz o seguinte:

> Prince é um cão-lobo de raça russa. Embora ele não esteja mais entre os vivos há vários anos, eu continuo a falar dele no presente, porque para mim, ele ainda vive. Isso eu sei positivamente, porque ele vem seguido me visitar, mostrando que continua ligado a mim como no passado. Quando aparece, ele me olha com olhar carinhoso, e coloca a cabeça em meus joelhos, balançando alegremente a cauda... Já me aconteceu de encontrar pessoas que viram Prince ao meu lado, e deram uma descrição detalhada dele, sem o terem jamais conhecido em vida. Eram pes-

soas que tinham faculdades psíquicas semelhantes às minhas, graças às quais aquilo que não é normalmente visível pode se tornar, de forma excepcional.

Quando Prince ainda estava neste mundo, sua principal ocupação consistia em acompanhar sua dona nos passeios a pé ou de carro. Numa tarde de verão, retornei a casa com o cão, após um longo passeio. Duas horas depois, Andy, o rapaz da estrebaria, veio avisar-me que o canil de Prince estava vazio e não encontravam o cão em parte alguma. Prince nunca tinha faltado de modo parecido a seus hábitos regulares. Andy estava preocupado e aconselhava que se fosse imediatamente em busca do cão. Mas eis que aparece Prince que, saltando por cima da grade, se dirigiu para nós abanando a cauda. Depois de manifestar sua satisfação por não ser castigado, ele me pegou delicadamente pela saia, arrastando-me para a porta. Lá chegando, ergueu-se nas patas traseiras e apoiando as dianteiras na porta, começou a me olhar e latir. Como repetiu várias vezes a mesma coisa, compreendi que o cão desejava que o seguissem a algum ugar. O rapaz da estrebaria decidiu atendê-lo. Abriu então a porta chamando Prince, mas este me tomou de novo pela saia, fazendo-me compreender que ele desejava que eu fosse também. Eram nove horas da noite. Pusemo-nos em marcha os três. Prince seguiu a estrada por algum tempo, e depois seguiu pelo campo, correndo sempre adiante de nós. Detinha-se após cada cinquenta metros para nos esperar. Assim foi nos guiando por mais de duas milhas. Chegamos por fim a uma valeta cercada por uma sebe, e numa abertura desta, um monte de fetos (plantas). Ali o cão se deteve, esperando nossa chegada e ao mesmo tempo nos olhando por cima do ombro, com uma estranha expressão de ternura. Tinha evidentemente chegado ao objetivo, onde devia haver algo misterioso que desejava nos mostrar. Eu não conseguia entender por que ele não latia ao nos ver chegar. Mas chegando ali, entendi a razão de seu silêncio. Sobre os fetos estava deitada, profundamente adormecida, uma menininha de uns três anos! Se ele tivesse latido, a teria assustado e acordado.

Eis como se explica o fato estranho de uma menininha abandonada sob uma sebe. Ela tinha brincado todo o dia no campo com um grande grupo de outras crianças, enquanto os camponeses ceifavam. Depois adormeceu profundamente sobre esse monte de fetos e os camponeses tinham voltado de charrete para a fazenda sem se dar conta de que naquela porção de crianças faltava uma. Levei a criança para os pais, que me agradeceram chorando e me bendizendo. Esse gesto magnífico de Prince o tornou famoso em toda a região.

Eu me perguntava, estupefata: como Prince pôde descobrir a menininha? As circunstâncias mostram que não poderia se tratar de um acaso. Eu não podia entender o caso. Mas depois de alguns anos, isso mudou. Hoje sei que os cães – ou pelo menos alguns deles – são dotados de faculdades psíquicas e podem enxergar os fantasmas dos mortos. Para mim, na noite em que Prince foi em busca da menina extraviada, foi levado por alguma entidade desencarnada que só ele enxergava, como se dá com pessoas dotadas de clarividência. Essa entidade deve ter guiado o cão até a sebe onde a criança dormia. A inteligência e o instinto generoso do cão fizeram o resto.

O pobre Prince faleceu de uma morte violenta e provavelmente sem sofrer. Andy, o rapaz da estrebaria, tendo que ir à estação da estrada de ferro, o levou com ele para dar um passeio. Prince foi atingido e esmagado por um trem que chegava. Nesse momento, eu estava lendo perto da lareira; olhando por cima do livro, vi Prince estendido de todo o comprimento sobre o capacho da lareira. Exclamei: "Já de volta, Prince?" Ao dizer isso, estendi a mão para acariciá-lo, porém minha mão não encontrou apoio: o cão tinha desaparecido. Naturalmente, conclui que eu tinha sido enganada por minha imaginação, de uma forma estranha. Porém uma hora depois, Andy chegou trazendo a triste notícia. Quando Prince me apareceu, era mais ou menos no mesmo instante em que ele foi esmagado pelo trem.

A primeira parte do relato da sra. Joy Snell é interessante do ponto de vista da psicologia animal, porque contém um exemplo notável da inteligência e dos sentimentos generosos que possuem alguns espécimes da raça canina.

Como observa muito bem a sra. Snell, não parece possível explicar a descoberta da menina perdida pela hipótese do acaso, dado que o cão deixara de propósito, e contra todos os seus hábitos, o canil, para ir procurá-la; como se agisse por efeito de um impulso externo que, nesse caso, só poderia ser de origem supranormal.

A afirmação da sra. Snell, que declara continuar a enxergar com frequência o fantasma do cão falecido, é uma afirmação à qual não se pode atribuir um valor de prova, dada a natureza positivamente alucinatória de muitos tipos análogos de visões subjetivas e a impossibilidade de separar as formas alucinatórias daquelas que não o são. Observo contudo que, no caso em questão, temos uma circunstância colateral que pesaria a favor da realidade objetiva das aparições. Consiste no fato de que a mesma clarividente foi sujeita a múltiplas formas de aparições subjetivas cuja natureza verídica se pôde provar. Por exemplo, numerosas aparições de defuntos vistos por ela no exercício de sua profissão de enfermeira.

16° caso – (Visual-auditivo)

Retiro-o da Revue Scientifique et Morale du Spiritisme, 1920, p 351. A sra. Camier relata assim o fato que lhe aconteceu pessoalmente:

> Eu tinha uma linda gata angorá, de pelo branco longo malhado de cinza, com olhos verdes cercados de preto. Tinha um temperamento doce e carinhoso e era admirada por todos, mas tinha um defeito: todas as noites tentava escapar para ir passear. O pátio da casa onde eu morava era dividido em dois por uma grade, e ela escapava saltando por cima dela.
>
> Uma noite eu cheguei ao pátio bem a tempo de agarrá-la quando se dispunha a saltar sobre a grade. Mal tinha conseguido pegá-la nos braços quando tive a surpresa de ver um outro gato angorá, em tudo idêntico à minha, que saltava sobre a grade. Nessa época, eu não conhecia nada da doutrina espírita. Olhei para o outro lado da grade para constatar aquele fato estranho, sabendo bem que em todo o bairro não existia um outro gato semelhante à minha. Mas não enxerguei nada do outro lado.
>
> Mais tarde, tendo conhecimento da nova doutrina, compreendi que minha gata, naquele momento, estava de tal modo tomada pela ideia de fugir, que seu perispírito tinha se libertado com tanta força que havia parecido material.

> Algum tempo depois, o pobre animal ficou doente, e fui obrigada a deixá-la aos cuidados de um veterinário. Na noite em que ela morreu, eu senti – positivamente senti – minha gata pendurar-se com as unhas na coberta e subir à (minha) cama, como fazia habitualmente. A impressão foi tão real que estendi instintivamente a mão para ver se não me enganava. Na manhã seguinte fui ao veterinário e soube que a gata tinha morrido durante a noite. Seu último pensamento foi para mim.

Dos dois episódios de telepatia animal do relato da sra. Camier, o segundo não difere dos outros que registramos, enquanto o primeiro é de natureza excepcional e interessante. Excluindo a explicação fantasiosa que a receptora apresenta, podemos dizer entretanto que esse fato constitui um exemplo bastante característico de transmissão telepática entre animal e ser humano. Vemos aqui uma gata surpreendida pela dona em flagrante delito de fuga; com a brusca interrupção das intenções da culposa, a ideia que tomava sua mente se transmite telepaticamente à de sua dona, que enxerga um gato alucinatório saltando sobre a grade, de acordo com a imagem-pensamento que estava na mente da gata real. O caso é notável e instrutivo, inda mais que o animal emissor se encontrava nos braços da receptora.

Omito, para ser breve, sete outros casos análogos, para os quais remeto o leitor às revistas e livros seguintes:

17º caso – Phantasms of the living – vol. II, p.446 (Visual).

18º caso – Journal of the S.P.R, vol VI, p.375 (Visual-coletivo).

19º caso – Juiz Edmons: Letters and tracts, p. 336 (Visual-coletivo).

20º caso – Rivista di Studi Psichici, 1900, p. 350 (Visual).

21º caso – Proceedings of the S.P.R., vol. X, p. 181 (Visual-coletivo).

22º caso – Revue Scientifique et Morale du Spiritisme, 1941, p. 723 (Visual-tátil-coletivo).

23º caso – Revue Scientifique et Morale du Spiritisme, 1920, p.25 (Visual).

Segunda categoria

Alucinações telepáticas em que o animal é o receptor

Os casos desta categoria, embora não deixem de ter interesse, não podem possuir um real valor científico devido à impossibilidade de confirmar o que aconteceu de fato ao animal, e o que ele realmente percebeu quando, em determinado momento que coincidiu com a morte de uma pessoa ausente que lhe era familiar, pareceu que ele, por sinais que manifestou, sentiu ou percebeu alguma coisa anormal.

Entretanto, se pensarmos que as manifestações supranormais que pertencem a uma mesma classe devem ser vistas cumulativamente e não de forma isolada, os fenômenos em questão podem também, indiretamente, adquirir certo valor teórico. De fato, se as outras categorias de manifestações análogas parecem realmente verídicas, é lógico concluir que os casos não verificáveis da presente categoria devem ser, por sua vez, verídicos, pelo menos no conjunto. Ainda assim, limito-me a citar três exemplos curtos deles.

24° caso

Na Revista Espírita de janeiro de 1905, página 51, o barão Joseph de Kronhelm relata o seguinte ato, que ocorreu com pessoas de suas relações.

> Um oficial meu conhecido, aquartelado em Gajsin, Podolie (Eslováquia), ia partir no mês de abril para a Manchúria, para a guerra contra o Japão. Na véspera de sua partida, entregou seu cão de caça, um belo animal muito inteli-

> gente e que lhe era muito apegado, a um outro oficial do mesmo regimento, grande amador da caça, pedindo-lhe que guardasse o animal até seu retorno, se Deus lhe permitisse voltar. No caso de sua morte, o cão ficaria pertencendo a seu amigo. Três meses após a partida do oficial, numa manhã, o cão, sem nenhuma causa aparente, começou a emitir uivos terríveis, que incomodaram muito a família do oficial e os vizinhos. O pobre animal não deu atenção aos afagos do oficial e sua mulher, não quis comer nada, uivou sem parar dia e noite e só parou no terceiro dia. O oficial, um homem instruído, que já tinha ouvido falar de pressentimentos dos animais, anotou cuidadosamente a data do acontecimento e disse a sua mulher: "Queira Deus que me engane... mas esses uivos de nosso cão, sem qualquer causa aparente, são um sinal de mau agouro... Com certeza vai nos acontecer alguma desgraça ou alguma notícia funesta". E a desgraça não se fez esperar. Algum tempo depois, chegou a notícia da morte do oficial proprietário do cão, que tinha sido morto numa luta com os japoneses na manhã do dia em que seu cachorro tinha uivado.

Esse fato parece bem comprovado num sentido claramente telepático, pois se o animal se pôs de repente a uivar tristemente sem uma causa aparente, persistindo nessa atitude apesar dos afagos que lhe deram os familiares e recusando qualquer alimento, deve-se supor que deveria existir uma causa oculta qualquer, proporcional à angústia do pobre animal. Ora, como foi constatado que no momento em que começou a uivar seu dono tinha sido morto na guerra, tudo contribui para faze supor que o animal tenha tido realmente a visão telepática da morte do oficial.

25 caso

Foi primeiro publicado na Light (1918, p.5). Um redator dessa revista londrina, amigo do sr. Tom Terriss, filho do ator dramático William Terriss, assassinado em 1817, escreveu:

> Na noite mesma do assassinato, a sra. Terriss estava sentada no salão de sua casa, em Belfort Park. Tinha nos joelhos um pequeno terrier chamado Davie, que estava dormindo. Seus filhos William e Tom estavam com ela.

O relógio marcava 7:20 horas, quando, de repente, sem que nada pudesse prever isso, o cão pulou para o chão e começou a se jogar freneticamente para um lado e outro, rosnando, latindo, rangendo os dentes e mordendo, num acesso extraordinário de cólera e terror. Essa atitude do cão provocou profunda impressão na sra. Terriss, que ficou agitada o resto da noite. Pois bem: foi às 7:20 exatamente que o ator dramático William Terris foi assassinado.

Seu filho Tom disse a respeito:

Eu estava jogando uma partida de xadrez com meu irmão William, e o cão dormia no colo de minha mãe, quando de repente ele nos surpreendeu a todos pulando ao chão e começando a se jogar para um lado e outro, furiosa e freneticamente, rangendo os dentes e mordendo o vazio. Minha mãe ficou assustada e exclamou: "Mas o que está acontecendo? O que ele está vendo?" Ela estava certa de que a raiva do cão devia se dirigir a algum inimigo invisível. Meu irmão e eu nos esforçamos para acalmá-la, embora estando também bastante surpresos e perplexos com a atitude inexplicável de um cão geralmente tranquilo e de natureza calma.

Dada a natureza incomprovável do caso em questão, seria inútil nos estendermos em comentários a respeito. Limitar-me-ei portanto a observar que a correspondência perfeita da hora em que ocorreu o assassinato com a mímica furiosamente agressiva do cão levam irresistivelmente a pensar que ele tive de fato a visão subjetiva da cena dramática em que pereceu o seu dono, e, em consequência, tenha tentando defendê-lo lançando-se contra o agressor.

26° caso

Retiro-o dos Annales des Sciences Psychiques, 1916, p. 149. Acha-se registrado numa carta particular que a sra. Esperanza Payker enviou de Zurich, em 7 de dezembro de 1916, a uma amiga, e refere-se à morte em combate de um irmão da senhora em questão. Eis a passagem essencial do relato:

> Você me pede notícias de Richard. Ele morreu, o pobre, lutando contra os russos! Ele, o cosmopolita que via em todos os homens um irmão!... No momento de sua morte aconteceu um fato que pode interessar-lhe Deve lembrar-se de Kacuy, o cão de Richard. Pois às sete horas da noite, em 13 de agosto último, ele estava adormecido a meus pés. De repente, ergueu-se, correu para a porta abanando a cauda, latindo alegremente e saltando como se fosse receber uma pessoa conhecida. Depois, de repente, voltou assustado, uivou lamentosamente, gemeu, tremeu, voltou a deitar-se a meus pés, e não parou de se queixar toda a noite. Pela manhã, saiu de casa, e nunca mais o vimos. A estranha manifestação do cão coincidiu exatamente com a hora em que Richard caiu gravemente ferido. O desaparecimento do cão aconteceu na hora da morte...

Neste exemplo também a mímica expressiva do animal tende a demonstrar o caráter verídico da telepatia; neste caso, considerando que, de início, ele se comportou alegremente, como se visse o retorno de um familiar, para em seguida mudar bruscamente de atitude, dando sinais de medo, como se tivesse se dado conta da natureza fantasmagórica do que estava enxergando.

Terceira categoria

Alucinações telepáticas percebidas juntamente por animais e humanos

Esta categoria é o complemento necessário da anterior, e serve para apoiar a ideia de que os casos vistos nessa última são realmente telepáticos. De fato, se nos casos da segunda categoria os animais eram os únicos receptores, nos que vamos expor as percepções animais são partilhadas por humanos e, nessas condições, estes confirmam os primeiros. Devemos acrescentar todavia que, se o caráter coletivo dessas manifestações mostra que elas têm uma origem telepática, isso não prova que o humano e o animal tenham as mesmas percepções. Pode-se apenas supô-lo, racionalmente, pela atitude dos animais no curso de numerosos episódios.

Poderá objetar-se que as percepções animais dessa natureza podem ser produzidas por uma transmissão, na mente do animal, de uma alucinação que teria origem na mente da pessoa presente. Mas essa objeção se contradiz pelo fato de que em números casos, o primeiro receptor não é a pessoa, mas o animal.

27º caso – (Auditivo-visual coletivo, com sensação de vento muito frio).

Retiro-o de L'Inconnu, de C. Flammarion. A sra. Marie de Thyle, médica, residente em Saint-Julien, na Suiça, escreve:

> Uma de minhas colegas de estudo – sou médica – tinha ido para a Índia como médica missionária. Nós nos tínha-

mos perdido de vista quando isto aconteceu, mas continuávamos a nos querer bem.

Numa manhã, na noite do 28 ao 29 de outubro, eu estava em Lausanne, e fui acordada antes das seis horas por pequenas batidas à porta. Meu quarto dava para um corredor que terminava na escadaria daquele andar. Eu deixava minha porta aberta para deixar que um grande gato branco que eu tinha fosse caçar durante a noite, pois a casa fervilhava de ratos. As batidas se repetiram. A campainha noturna não havia tocado, e eu não tinha ouvido ninguém subir a escada.

Por acaso meus olhos se voltaram para o gato, que estava em seu lugar costumeiro aos pés de minha cama. Ele estava sentado, com o pelo eriçado, tremendo e rosnando. A porta se mexeu como empurrada por um ligeiro golpe de vento e eu vi aparecer uma forma envolta numa espécie de tecido vaporoso branco, como um véu em cima de algo escuro. Não pude distinguir bem o rosto. Ela se aproximou de mim. Senti um sopro glacial passar por mim, e ouvi o gato rosnar furiosamente. Instintivamente, fechei os olhos e quando os reabri, havia desaparecido. O gato tremia todo e estava coberto de suor!

Confesso que não pensei na minha amiga da Índia, mas em outra pessoa. Cerca de quinze dias mais tarde, fiquei sabendo da morte de minha amiga., na noite de 29 para 30 de outubro de 1890, em Shrinagar, na Kachemira. Soube mais tarde que ela tinha morrido de uma peritonite.

Neste caso, o receptor não tendo podido enxergar o rosto do fantasma, não se pode identificá-lo como a amiga da receptora, morta naquele dia, à mesma hora. Contudo, o simples fato dessa coincidência já constitui uma boa suposição, indo ao encontro as conclusões da doutora de Thyle.

De todo modo, isso não diz respeito ao objeto de que os ocupamos agora, isto é, da percepção coletiva de manifestações supranormais por humanos e animais. Sob esse ponto de vista, deve-se notar que se o gato em questão se mostrou assustado a ponto de tremer e ter uma transpiração abundante, isso demonstra que ele tinha tido a visão de alguma coisa bastante anormal. O que poderia ser essa "qualquer coisa" senão a forma espectral enxergada por sua dona?

28° caso – (Auditivo-coletivo)

Encontramos na obra de Hudson Tuttle intitulada Arcana of Spiritualism diversos fatos de percepções supranormais por animais. Eis um exemplo.

> O grumete do veleiro Avalanche, em cujo naufrágio pereceu toda a equipagem, tinha um cão que o amava muito e que respondia imediatamente ao chamado de um apito para cães que seu dono levava sempre com ele. Na noite do naufrágio, a mãe e a tia do grumete se encontravam longe do navio, na casa da família, mais exatamente em uma saleta, e o cão na cozinha. Entre 9 e 10 horas, o momento suposto do naufrágio, as duas mulheres foram surpreendidas de repente por um apito forte vindo do andar superior. O som era exatamente aquele que usava o jovem grumete. O cão o reconheceu e respondeu com latido, como tinha o hábito de fazer, e depois correu para o andar superior onde, deve-se acreditar, ele imaginava encontrar seu dono.
>
> Se o cão do pobre grumete correu para o andar superior latindo, e se, ao mesmo tempo, as duas mulheres receptoras identificaram o apito alucinatório do apito familiar, tudo leva a crer, logicamente, que o cão teria escutado o mesmo apito.

29° caso – (Visual-coletivo).

Encontra-se no Journal of the S.P.R. (vol.XIII, p. 28). O eminente mitólogo e sociólogo Andrew Lang relata o fato seguinte, observado por sua sobrinha. Ela lhe escreve, a respeito:

> Skelfhill, Kavick, 8 de agosto de 1906.
>
> Cheguei a este lugar no dia 4 de agosto. Na segunda-feira, dia 6, estava no monte Pen, onde, pela primeira vez, vi um fantasma. Estava acompanhada por meu velho cão Turk e subia a encosta bem devagar, parando com frequência, devido às pernas curtas de meu companheiro e à sua respiração mais curta ainda. Inda mais que a vegetação era espessa e resistente. Fizemos uma última parada no local em que o Pen ergue bruscamente seu topo imponente. Sentei-me, dando as costas à represa, tendo à frente a costa rochosa, enquanto Turk se sentava, ofegante, a meus pés...

De súbito, vi dirigir-se a mim minha amiga a doutora H..., com a qual eu tinha feito a viagem de retorno da América, em 1905. Ela vestia uma saia mais para curta, azul, e um colete de algodão branco. Estava sem chapéu, com uma bengala na mão; quando chegou bem perto, notei uma mecha de cabelos que lhe caia sobre a testa. Eu tinha sabido quinze dias antes que ela tinha voltado da América para a Inglaterra, de onde iria partir novamente em 12 de setembro, e tencionava ir à Cornualha par rever os pais. Eu não sabia quando ela viria. Fiquei tão surpresa de encontrá-la nesse ugar que por um instante não me movi nem pude dizer nada; mas Turk me trouxe de volta a mim rosnando contra a recém chegada. Então levantei de um salto, exclamando: "A senhora aqui, doutora H.?" A essas palavras, a doutora voltou-se, me encarando. A seguir, continuou calmamente a descer pela trilha por onde eu tinha chegado. Surpresa com sua atitude, porque tinha certeza de que ela tinha me visto, segui-a, com a intenção de detê-la. Enquanto isso, Turk não tinha cessado de rosnar e latir mas sem se afastar de mim, ao passo que por hábito ele avança latindo contra as pessoas e cães desconhecidos. Notei que o pelo de suas costas estava eriçado e sua cauda estava arqueada como um gancho. Quando alcancei a doutora e ia estender o braço para colocar-lhe a mão no ombro, um enorme inseto que zumbia colocou-se entre nós, voando através de seu corpo! E então vi a doutora desaparecer. Naturalmente, fiquei surpresa e consternada. Até esse momento, não tivera a mínima ideia de que não se tratasse de minha amiga em carne e osso. Sem Turk, eu teria duvidado de meus sentidos; mas nessas condições, não havia dúvida possível, porque o cão incontestavelmente se mostrara irritado e rosnando contra alguém. Juro-lhe que gozo de boa saúde, que nunca me senti melhor, e que faz um ano que só bebo água. Não posso precisar o instante em que vi a aparição. Como, quando me sentei, eram 6:05 horas da tarde, deduzo que deveria ser 6:15 horas – talvez um ou dois minutos mais – quando a vi desaparecer.

Peguei de imediato um lápis e tomei nota do estranho fato num envelope que tinha no bolso. Assim que cheguei a casa, escrevi o relato detalhado. Naturalmente, escrevi ontem à doutora H. perguntando-lhe o que ela estava

> fazendo no dia e hora em que me apareceu. Assim que ela me responder, eu o informarei.

Uma carta posterior da sobrinha do professor Lang ao tio continha a seguinte passagem:

> Encontrei-me com a doutora H. Ela disse que no dia e hora indicados, ela estava descendo a colina de Tintagel, vestida exatamente como eu descrevi, levando ainda no braço uma roupa de banho, que eu não percebi.

A irmã da doutora H., por sua vez, escreveu:

> No dia 6 de agosto, pelas 6 horas da tarde, a doutora H. descia a colina de Tintagel depois de ter se banhado. Ela vestia uma saia azul, sem chapéu. Trazia no braço a roupa de banho.
>
> Assinado por extenso: srta. M.H.

Como se pode ver, no caso em questão trata-se da aparição de uma pessoa viva, percebida conjuntamente por um cão e sua dona. Se a autenticidade da aparição não pode ser posta em dúvida, por outro lado as condições da manifestação se distanciam da regra que rege as aparições dessa espécie, pois geralmente o emissor se encontra em condições excepcionais do ponto de vista emocional. Nesse caso que analisamos, não parece que seja assim. De qualquer modo, é verossímil que a doutora H. tivesse, naquele momento, voltado o pensamento para sua amiga ausente, com a qual deveria encontrar-se alguns dias depois.

Do ponto de vista que nos interessa, noto que a aparição foi vista simultaneamente pelo animal e por sua dona. A atitude do cão, que rosnava e latia contra a pessoa que chegou, mas não ousava se afastar das saias protetoras de sua dona, mostra que ele se dava conta claramente que se achava na presença de uma manifestação fantasmática., ao passo que sua dona acreditava totalmente que se achava diante de sua amiga em carne e osso. Esta é uma razão a mais para contradizer a hipótese da transmissão de pensamento de pessoa ao animal.

30º caso – (Visual, com anterioridade do animal para a pessoa)

Este caso foi publicado pela Light de 1907, p. 225. O sr. J.W. Boulding, um autor espiritualista conhecido, relata o fato que aconteceu com uma família amiga da sua:

> Um de meus amigos, residente em Kensington, estava enfermo havia muito tempo. Em uma tarde de domingo, outro de meus amigos e sua mulher foram fazer-lhe uma visita de carruagem. Quando chegaram perto de um ponto da estrada de ferro não longe da casa do enfermo, o cavalo, começando a se esquivar, não quis mais continuar. Parecia tomado de um terror súbito. Tremia, recuava, empinava, assustando bastante as pessoas que se encontravam na carruagem. Em certo momento, a senhora se ergueu para ver o que se passava, e sua estupefação foi grande ao ver diante do cavalo, com os braços abertos , o amigo enfermo que eles iam visitar! O susto foi tão grande que ela caiu desmaiada no banco da carruagem. O marido então mandou o cocheiro voltar para casa. Eram seis horas da tarde. Mais tarde, eles decidiram se por a caminho novamente. Quando chegaram à casa do amigo, notaram que as persianas da casa estavam fechadas. Não tardaram a ser avisados de que o amigo acabava de morrer, exatamente na hora em que tinha aparecido diante do cavalo. Deve-se notar que o cavalo foi o primeiro a enxergar a aparição, circunstância que vem apoiar a afirmação de grande número de pessoas de que os animais partilham com as pessoas as faculdades de clarividência.

De fato, no caso em que o animal é o primeiro a perceber uma aparição telepática, não há hipótese racional que se oponha à que considera os animais como dotados de faculdades supranormais subconscientes, à semelhança das pessoas. Essa consideração levanta problemas psicológicos e filosóficos de relevante importância.

31º caso – (Visual, com anterioridade do animal para a pessoa).

O reverendo Minot Savage, em seu livro Can Telepathy explain, páginas 46-48, relata o seguinte caso:

> Uma jovem senhora que pertencia à minha paróquia, em Boston, estava sentada numa tarde de domingo ao piano. Estava tocando e não pensava em nada. Nenhum dos membros da família se encontrava em casa, assim como os empregados domésticos. Um cãozinho, muito amado pela senhora, estava deitado numa cadeira a poucos passos. Sentada ao piano, estava de costas para a porte que dava para o salão. De súbito, sua atenção foi atraída pela atitude do cão, que tinha se erguido, com o pelo das costas eriçado, e começara a rosnar surdamente, olhando para a porta. A senhora se voltou e percebeu silhuetas vagas de três formas humanas que se encontravam na outra peça, perto da porta que que dava para o salão. Antes que as formas desaparecessem, lhe pareceu reconhecer uma delas. Enquanto isso, o pavor do cão tinha aumentado a tal ponto que tinha se escondido debaixo do sofá, de onde só saiu depois de insistentes pedidos de sua dona.

A importância desse episódio reside em que ele prova que se tratava de algo percebido pelo animal antes de sua dona, isto é, além de qualquer tipo de sugestão de origem humana.

Ao mesmo tempo, é fácil observar neste fato que, se o cãozinho em questão se ergueu de um salto, rosnando surdamente e olhando para a porta, para a seguir se refugiar sob um móvel, isso mostra claramente que tinha visto alguma coisa fantasmagórica capaz de assustá-lo, como acontece muitas vezes nos casos dessa espécie. O fato é ainda mais notável porque os cães têm o instinto de se enraivecer e rosnar à vista de intrusos de carne e osso, mas não de ter medo deles.

32° caso – (Visual-coletivo, com anterioridade do animal para a pessoa).

O caso a seguir é muito importante porque sete pessoas tiveram o mesmo tipo de alucinação telepática simultaneamente com um cão. Comunicaram suas observações à Sociedade para P.R. Retiro-o do vol. X, p. 127, dos Proceedings of the S.P.R.

São Petersburgo, 4 de maio de 1891

Eis aqui o fenômeno de que nossa família foi testemunha. Foi em Petersburgo, em 1880, quando morávamos à rua Pouchkarka. Numa tarde do mês de maio, pelas seis horas, minha mãe, hoje sra. Téléchor, encontrava-se no salão com seus cinco filhos, dos quais eu era o mais velho, e tinha 16 anos. Um antigo empregado da casa, que considerávamos como um amigo, mas que à época não trabalhava mais conosco, tinha vindo ver-nos e estava conversando com minha mãe. De repente, as brincadeiras alegres das crianças cessaram e a atenção geral se dirigiu para nosso cão Moustache, que tinha se lançado, latindo com força, na direção da lareira. Involuntariamente olhamos todos na mesma direção e vimos, sobre a cornija dessa lareira grande, com azulejos, um menino de seis anos mais ou menos, em mangas de camisa. Reconhecemos o filho de nossa leiteira, André, que vinha com frequência a nossa casa com sua mãe para brincar com as crianças. Eles moravam perto de nós. A aparição se afastou da lareira, passou por cima de nós, e desapareceu pela janela aberta. Enquanto isso durou, uns quinze segundos mais ou menos, o cão não cessou de latir com todas as forças. Correu e latiu seguindo os movimentos da aparição.

Um pouco mais tarde no mesmo dia, a leiteira veio a nossa casa e contou que seu filho André, depois de uma doença de alguns dias – nós sabíamos que ele estava doente – acabava de morrer. Foi provavelmente no momento em que o vimos aparecer.

Nesse caso, a atitude do cão em face da aparição é tão característica e eloquente que somos levados irresistivelmente a concluir que ele teve a mesma visão que os sete outros receptores. Deve-se notar com efeito que o cão, que fora além disso o primeiro a receber a emissão telepática, lançou-se latindo na direção da lareira, onde os outros receptores localizaram a aparição, e que, durante todo o tempo em que esta ficou visível, não cessou de latir para ela, seguindo-a em seu deslocamento aéreo.

33º – caso (Visual-auditivo coletivo, com anterioridade do animal para as pessoas, e a impressão pela receptora de um sopro de vento frio).

O caso foi registrado e examinado pelo prof. James Hyslop, que o publicou no Journal of the American S.P.R. (1907, p. 432), sem indicar os nomes dos protagonistas, pelo pedido que fez a senhora autora do relato. Eis como ela o conta:

> Há dois anos, meu primo William P, de 21 anos, morreu de tuberculose. Desde os primeiros anos de infância, existia entre nós o mais profundo afeto. O fato de que éramos ambos apaixonados pela música nos ligava ainda mais, embora ele morasse em Tottenvile (Nova Iorque) e eu em X., ou seja, a uma distância de 200 milhas. No mês de março de 1901, ele ficou doente... e morreu em 29 de março de 1902... Nessa noite, eu estava em meu quarto lendo a Bíblia. Estava sozinha com meu filho de quatro anos adormecido em sua caminha e meu cãozinho de estimação. O quarto abria para um escritório cuja porta era fechada só por uma cortina dupla de cor azul. Li atentamente e sem ser perturbada durante algum tempo. A certa altura, ouvi passos pesados no escritório. Um instante depois, um sopro de vento gelado abriu a cortina, me roçando o rosto. O cão erguei a cabeça, olhou nessa direção, e correu, gemendo, a encolher-se sob uma cadeira. Eu fiquei olhando e enxerguei, entre as cortinas, o fantasma de meu primo, alto e ereto, como era antes da doença, com os braços estendidos, um sorriso angelical nos lábios. Fiquei olhando, como petrificada, durante alguns minutos, e o vi desaparecer. O relógio marcava nove horas. No mesmo momento, ouvi tocar à porta da casa. Era um telegrama que dizia: "William morto às oito horas. Venha imediatamente".
>
> Minha mãe disse que o rosto de meu primo recém falecido tinha uma expressão de grande sofrimento, mas depois de uma hora mais ou menos, tivera uma alteração estranha, iluminando-se com um sorriso angelical, que continuava ainda quando o colocamos no caixão. Sorriso com o qual me apareceu entre as cortinas da porta do escritório. Se este relato tiver que ser publicado, queira eliminar os nomes, porque meus conhecidos atribuem minha visão a uma superexcitação nervosa.
>
> Assinado, por extenso: sra. H.L.B.

O prof. Hyslop escreveu ao marido da sra. H.L.B, que é médico; ele respondeu, confirmando os fatos:

> Respondendo às perguntas que o senhor me fez em sua carta de 22 de maio, declaro que as duas extraordinárias experiências relatadas por minha mulher ocorrem tal como ele as descreve...O segundo fato relativo à morte de um de nossos primos está tão presente em minha memória quanto o primeiro. Aconteceu antes da chegada da notícia nos avisando do falecimento. Minha mulher contou em seguida o fato a sua camareira, que se acha atualmente em Filadélfia, e ao sr. J.H.S. que reside aqui. Não sei como explicar teoricamente os fatos em questão.
>
> Assinado por extenso: dr. M. L. B.

Neste caso também, o primeiro receptor é o cão.

Deve-se notar que o fantasma do morto se manifestou uma hora depois de sua morte, com o rosto apresentando o mesmo sorriso angelical que tinha aparecido no cadáver uma hora depois do falecimento. Além disso, a manifestação do fantasma foi antecedida pelo fenômeno auditivo de passos pesados vindos do escritório, e da manifestação física de sopros de vento gelado, tal como se percebe durante as sessões experimentais, no momento das materializações mediúnicas.

A circunstância teoricamente mais importante é a da demora de uma hora na manifestação telepática, embora isso possa ser explicado pela hipótese da telepatia retardada. Essa hipótese, porém, não é mais válida quando se trata de fatos do mesmo tipo em que a demora foi de dias ou semanas. Daí a necessidade de recorrer a uma hipótese mais abrangente, capaz de explicar ao mesmo tempo toda a série de manifestações retardadas em relação a casos de morte. Isso só pode ser feita incluindo essas manifestações na categoria de "aparições de defuntos", e não naquelas de aparições de vivos, como se costumou fazer até agora. Isso é proposto, bem entendido, de forma geral, admitindo a possibilidade de exceções à regra no caso de demoras curtas, dentro de condições especiais.

34º **caso** – (Visual-auditivo, com anterioridade do animal para a pessoa)

O prof. Andrew Lang comunica à Society for P.R. Journal,

vol. XIV, p.70, o episódio seguinte, constante de uma carta que lhe foi endereçada por uma senhora de sua amizade:

York Mansion's Battersea Park, SW., 22
10 de fevereiro de 1909

Caro Professor:

Em seu artigo recente publicado no Morning Post, o senhor cita um caso de aparição percebida simultaneamente por uma senhora e seu cão. Penso que pode interessar-lhe uma experiência parecida que aconteceu a mim e meu cão, há seis anos. Eu estava lendo perto da lareira, em minha sala, cuja porta estava fechada. Meu cão Dan estava dormindo no chão. De repente, fui interrompida na leitura pelo cão, que começou a rosnar surdamente. Debrucei-me para ele para acalmá-lo, acariciando-o, mas ele continuou ainda mais. Olhei então na mesma direção que ele, o que só pude fazer virando-me na cadeira, e com grande espanto, enxerguei uma forma de mulher vestida de cinza, em pé perto da porta. Não pude distinguir seu rosto, que estava escondido por uma planta colocada sobre a mesa. Pensei primeiro que fosse minha irmã e me dirigi a ela perguntando como tinha voltado tão cedo e como tinha podido entrar na sala sem fazer barulho. Mas logo me lembrei de que, estando sozinha, eu havia corrido o ferrolho da porta da casa. Então me levantei de um pulo, assustada, enquanto Dan se atirava latindo contra a intrusa, que desapareceu de imediato, embora a porta da sala continuasse fechada. O cão mostrava todos os sinais de raiva e terror. Os olhos brilhavam, mas de cabeça baixa e o pelo eriçado ao longo da coluna vertebral. Parecia ter visto uma pessoa real, pois quando eu abri a porta, ele saiu latindo furiosamente e desceu assim a escada para subir de novo em seguida, procurando a intrusa, que naturalmente não conseguimos encontrar. Eu estava só em casa e experimentei um alívio quando algum tempo depois tocaram e abri a porta para minha irmã.

Não tenho nenhuma teoria para a explicação do fato; não foi possível ligar a visão do fantasma com fatos acontecidos antes ou depois. Mas estou absolutamente certa do que enxergamos, eu e o cão, embora não haja nenhuma outra testemunha para confirmar meu relato. Naturalmente contei tudo de imediato a minha irmã

Assinado: sra. Emma L. Darton

Pode-se encontrar detalhes adicionais deste caso no volume citado acima do Journal of the S.P.R.

O sr. Andrew Lang supõe que nesse caso se trata provavelmente de um caso de "telepatia antes da chegada". Isto é, que a irmã da sra. Darton, prestes a voltar para casa, tenha pensado intensamente em qualquer coisa relativa ao ambiente doméstico, o que teria ocasionado a emissão telepática de seu fantasma nesse ambiente. Essas emissões telepáticas realmente acontecem, e a Sociedade inglesa de pesquisas psíquicas reuniu um grande número delas. Contudo, creio que seja pouco verossímil que seja assim o caso que estamos examinando, porque não me parece que o cão teria ficado furioso na presença de uma pessoa da família.

Eliminando esta hipótese, não seria muito fácil encontrar a origem do fantasma aparecido simultaneamente à senhora e seu cão, a menos que o consideremos como um fenômeno de assombração.

De todo modo, a solução do problema não deve nos interessar no momento. Basta-nos registrar que, também neste exemplo, o cão foi o primeiro receptor.

Vou omitir outros treze casos análogos, para os quais envio o leitor às obras e publicações seguintes:

35º caso – Proceedings of the S.P.R., vol. V, p. 307 (Auditivo-coletivo-assombração)

36º caso – Proceedings of the S.P.R., vol.V, p. 308 ((Auditivo-coletivo-assombração).

37º caso – Proceedings of the S.P.R., vol.V, p. 453 (Visual-auditivo).

38º caso – Proceedings of the S.P.R., vol. X, p. 327 (visual--coletivo).

39º caso – Camille Flammarion: L'Inconnu (Visual-coletivo).

40º caso – Phantasms of the Living, vol. II, p. 149 (Visual)

41º caso – Phantasms of the Living, vol. II, p. 245 (Visual).

42º caso – Phantasms of the Living, vol. II, p. 458 (Visual).

43º caso – Phantasms of the Living, vol. II, p. 510 (Visual).

44º caso – Journal of the S.P.R., vol. IV, p. 53 (Visual-coletivo com anterioridade do animal para a pessoa).

45º caso – American Proceedings of the S.P.R., p.144 (Visual-coletivo).

46º caso – American Proceedings of the S.P.R., p. 145 (Auditivo-coletivo, com anterioridade do animal para a pessoa).

47º caso – American Proceedings of the S.P.R., p. 146 (Visual-auditivo-coletivo, com anterioridade do animal para a pessoa).

Quarta categoria

Visão de fantasmas humanos, fora de qualquer coincidência telepática, e percebidos simultaneamente por pessoas e animais.

Os fatos que se incluem nesta categoria são relativamente frequentes e têm uma importância teórica, porque assumem com frequência o sentido de casos de identificação espírita.

Relatarei inicialmente dois episódios de data mais antiga, resumindo-os.

48º caso – (Visual).

Em seu livro sobre a vidente de Prevost, o dr. Justinus Kerner fala de uma aparição que a vidente enxergou com frequência perto dela durante mais de um ano. Observa a respeito que, cada vez que a vidente anunciava a presença da aparição, um galgo que pertencia à família se comportava de forma a dar a entender que a via também. Ia de imediato para perto de alguma das pessoas presentes, como se quisesse lhe pedir proteção, às vezes uivando lamentosamente. Desde o dia em que viu a aparição pela primeira vez, não quis mais ficar sozinho de noite.

49º caso (Visual-auditivo).

Sob o título Aparições reais de minha mulher depois da morte (Chemnitz, 1804), o dr Woetzel publicou um livro que causou grande impacto naquela época. Conta ele que uma noite, algumas semanas após a morte de sua mulher, quando se encontrava no quarto, sentiu de repente ao seu redor um vento rodopiando, embora as portas e janelas estivessem fechadas. A luz se apagou, enquanto um batente se abria. À fraca luminosidade que reinava no quarto, Woetzel percebeu a figura de sua mulher, que lhe diz com voz fraca: Charles, eu sou imortal, nós nos reencontraremos. A aparição se repetiu uma outra vez, e nessa ocasião o cão do doutor Woetzel andou em torno do lugar onde estava a aparição, abanando alegremente a cauda.

Neste caso, considerando que nos dois últimos que citamos os primeiros a experimentar a alucinação foram respectivamente a vidente e o dr. Woetzel, pode-se sustentar razoavelmente a hipótese de que os dois receptores teriam, a seguir, servido de emissores, transmitindo aos animais uma imagem alucinatória oriunda de seus cérebros. Em todo caso, esta hipótese não eliminaria a importância dos fatos em questão, em nosso ponto de vista, porque esta solução do problema provaria igualmente, de maneira categórica, que os fenômenos de transmissão telepática entre pessoa e animal se produzem, o que constitui o objetivo essencial desta classificação.

Dito isso, é necessário estabelecer que essa hipótese só explica aqueles casos em que a visão alucinatória foi percebida antes pela pessoa; e nos outros casos em que a anterioridade pertence certamente aos animais...

Observo por fim que a hipótese em questão, embora amplamente explorada por numerosos pesquisadores no âmbito dos estudos metapsíquicos, está longe de ser fundamentada. Ao contrário, constitui um erro grosseiro, porque – salvo raras exceções que confirmam a regra – não se conhece exemplo de alucinações coletivas entre criaturas humanas que tenham origem num influxo contagioso de transmissão telepática do pensamento. Sei bem dos tratados de patologia das alucinações coletivas – sobretudo em multidões, por "contágio místico" – mas tudo isso acontece exclusivamente por sugestão verbal e jamais por transmissão telepática do pensamento, o que equivale a dizer que existe um abismo entre as duas ordens de fatos.

Adicionalmente, deve-se lembrar que mesmo nas experiências hipnóticas onde existe entre o hipnotizador e o sujeito um rapport psíquico firmemente estabelecido, é muito raro que o hipnotizador chegue a provocar a distância, no sujeito, formas alucinatórias por meio da transmissão telepática do pensamento, enquanto que o consegue à vontade por meio de sugestão verbal.

A importância teórica destas observações não escapará a ninguém, e tenho certeza de que os futuros pesquisadores que trabalhem no âmbito das ciências metapsíquicas as levarão em conta. Entre os investigadores modernos, só o professor Charles Richet reconhece o absurdo de explicar pela transmissão de pensamento os casos de visões ou percepções supranormais de ordem coletiva; o que deve ser registrado em seu favor.

50º caso – (Visual)

O caso seguinte foi relatado à Society for P.R. por Alexandre Aksakof; retiro-o dos Proceedings da Sociedade, vol. X, p. 328.

> Em 187..., a sra. T... encontrava-se um dia na casa de seus vizinhos no campo, o sr. e a sra. B., em P..., propriedade deles, em Twer. A conversa se dirigiu para um acontecimento trágico que ocorrera na família dos T..., e que terminou com o suicídio de um dos parentes da sra. T... De repente, ela o viu aparecer na peça contígua à sala onde se encontravam e cuja porta estava aberta. Ao mesmo tempo, o cão da dona da casa, que estava deitado a seus pés, ergueu-se e começou a latir furiosamente na direção da porta. O sr. e a sra. B. não viram nada porque estavam de costas para a porta e a sra T. não lhes disse nada do que enxergou.

Confirmação do relato numa carta da testemunha sra. B., escrita em 15 de outubro de 1891:

> Foi em 187... em nossa propriedade. Éramos três: a sra. T..., nossa vizinha, que tinha vindo visitar-nos, meu marido e eu. Estávamos no pequeno salão de nossa casa de

campo, não longe de uma porta aberta que dava para meu quarto, iluminado por uma janela grande. A sra. T... estava sentada diante dessa porta. Eu estava sentada num tamborete perto dela, também diante da porta. Meu marido estava num canto, de modo que não enxergava essa porta. A meus pés estava deitado meu cão Beppo, com a cabeça voltada para a saída. Estávamos falando do que acabara de acontecer na família dos T..., onde a mulher, levada pela paixão, tinha abandonado os filhos e o marido, e este, no desespero, tinha estourado os miolos. Meu marido acusava a mulher, a sra. T... acusava o marido, a quem ela sempre tinha apreciado muito. Mas neste caso, ele não o desculpava. De repente, ela se calou e o cão, erguendo a cabeça, começou a uivar e quis se jogar na direção da porta aberta do quarto. Seu pelo se eriçou. O animal escapou de minhas mãos como se fosse se atirar sobre alguém. Custei muito a segurá-lo. Meu marido queria bater nele, e eu o defendia. Nem eu nem ele vimos nada, além da raiva do cão. A sra. T... se calou, e quando o cão se acalmou, propôs que passássemos para a sala onde se encontrava seu marido. Logo depois o sr. e a sra. T... saíram, e só mais tarde, quando fui lhes fazer uma visita, a sra. T... me contou que tinha visto, diante da porta de meu quarto, o fantasma daquele a quem ela acusava... vestido de branco, e com uma expressão de desespero nos gestos, como censurando o fato de que ela estivesse também contra ele. "O seu Beppo viu a mesma coisa, disse ela. Ele estava furioso e queria se atirar contra a aparição". Eu percebi o furor de Beppo, mas não vi a figura.

Assinado: N.B.

Nesse episódio, também, a atitude agressiva do cão que late furiosamente e quer se atirar contra alguém na direção da porta onde a sra. T... enxerga, ao mesmo tempo, a aparição do defunto que ela estava acusando, leva a admitir que o animal pôde enxergar a aparição.

E de fato, os cães só agem assim contra os estranhos que não conhecem.

Neste caso, como a visão foi simultânea, se poderia colocar a hipótese possível de uma forma alucinatória que tivesse se originado da mente da sra.T... e tivesse se transmitido telepaticamente ao cão. Mas parece-me que as explicações que apresentei anteriormente são suficientes para excluir essa hipótese, o que equivale a reconhecer o cunho verídico da aparição de um morto alegado pela sra. T...

51º caso – (Visual-auditivo-coletivo).

Recolhi o texto a seguir em outro relato notável do sr. Alexandre Aksakoff, publicado nos Proceedings of the S.P.R., vol. X, páginas 387-391. Devo acrescentar, para a compreensão integral do acontecido, que esse caso se refere à história de aparições reiteradas de uma jovem chamada Palladia, morta aos quinze anos. O sr. Mamtchitch, que conta o fato, foi também o principal receptor:

> Em 1858, eu morava com meus pais no campo, na região de Poltava. Uma senhora nossa amiga tinha vindo passar alguns dias conosco junto com suas duas filhas. Algum tempo depois de sua chegada, quando me acordei ao amanhecer, vi Palladia (eu dormia numa ala separada, sozinho). Ela estava diante de mim, a uns cinco passos mais ou menos, e me olhava com um sorriso alegre. Aproximando-se de mim, ela disse: "Eu fui, eu vi", e sorrindo, desapareceu. O que significavam essas palavras, não sei. Em meu quarto dormia meu cão setter. Quando eu enxerguei Palladia, o cão eriçou o pelo e com um ganido, saltou na minha cama. Encostando-se em mim, ele olhava na direção onde eu estava vendo Palladia. Ele não latia, enquanto que normalmente não deixava entrar ninguém no quarto sem latir ou rosnar. E, todas as vezes que o cão via Palladia, se encostava em mim, como buscando refúgio.
>
> Quando Palladia desapareceu, eu desci e não disse nada a ninguém do acontecido. Na tarde desse dia, a filha mais velha da senhora que estava nos visitando me disse que algo estranho tinha lhe acontecido de manhã. "Acordei bem cedo, disse ela, e senti como se alguém estivesse na cabeceira de minha cama, e ouvi claramente uma voz que dizia: "Não tenha medo de mim, eu sou boa e afetuosa". Virei a cabeça, mas não vi nada. Minha mãe e minha irmã dormiam tranquilamente. Isso me surpreendeu muito, porque jamais me aconteceu nada assim".

> Diante disso, respondi que muitas coisas inexplicáveis nos acontecem. Apenas um ano depois, quando eu já era seu noivo, contei-lhe a aparição e as palavras de Palladia naquele dia. Não tinha sido ela que a visitara também? Devo acrescentar que eu estava encontrando essa moça pela primeira vez, e não imaginava em absoluto que iria casar-me com ela.

A sra. Mamtchitch confirma o relato assim:

> 5 de maio de 1891
>
> Lembro-me muito bem de que no dia dez de julho de 1885, quando estávamos visitando parentes de M.E. Mamtchitchi, eu me acordei ao amanhecer, pois tínhamos combinado, minha irmã e eu, fazer um passeio matinal. Erguendo-me na cama, vi mamãe e minha irmã dormindo, e nesse momento, senti como se alguém estivesse à minha cabeceira. Voltando-me um pouco – porque tive medo de olhar muito – não vi ninguém. Voltando a deitar-me, ouvi de imediato atrás de mim e acima de minha cabeça, uma voz de mulher que me dizia suavemente: "Não tenha medo de mim, eu sou boa e afetuosa", e ainda uma frase que eu esqueci na mesma hora. Em seguida, eu me vesti e fui passear. É estranho que essas palavras não me assustaram nem um pouco.

Nesse relato, a maior evidência de que o cão teve a mesma visão de seu dono é o terror que sentiu diante da manifestação. O sr. Mamtchitch diz que o cão saltou para sua cama, com o pelo eriçado nas costas, tremendo, ganindo, e se encostou nele, olhando assustado na direção onde o dono estava enxergando "Palladia". Acrescenta que o animal tinha o hábito de rosnar e latir contra qualquer pessoa. Ora, o terror insólito que o cão sentiu demonstra de forma incontestável que não apenas ele via o fantasma de Palladia, mas compreendia instintivamente que não estava diante de uma pessoa viva. De outro modo, teria recebido a intrusa rosnando e ameaçando-a.

Sob outro ponto de vista, que não é aquele a que nos dedicamos nesta obra, observo que o relato de onde extrai o episódio acima constitui um excelente exemplo de identificação espírita, no qual o fantasma de "Palladia", que havia sido, quando viva, ligada ao juiz Mamtchitch por laços de afeição, oferece provas numerosas e admiráveis relativas à presença espiritual dessa personalidade.

51º caso – (Visual, com anterioridade do animal para a pessoa).

Este caso faz parte da interessante relação passada pelo professor Alexander, da Universidade do Rio de Janeiro, ao sr. Myers, e trata de um fenômeno psíquico de que o próprio autor foi testemunha:

> ... A seguir, em uma noite muito escura, estando nós sentados na varanda, o latido lento e monótono de um cão preso lá fora nos atraiu a atenção. Nós o encontramos olhando para o ar, vendo qualquer coisa que nem o sr. Davis nem eu pudemos enxergar. As meninas, porém, disseram que elas viam uma forma espiritual bem conhecida que estava parada diante do cão, e o latido expressava realmente muito medo. Mais tarde, quando a família morava na casa em baixo, a menor das meninas, quase um bebê nessa época, chamou a atenção do pai para alguém que estava perto da porta: "Um homem! Um homem!", dizia, mas todos os demais não viam nenhum homem. E por fim, antes que ela conseguisse nos fazer enxergar o que, para ela, era tão evidente, sua expressão se tornou de grande surpresa, e ela disse o habitual "Já foi!" que, na sua linguagem infantil, significava que alguma coisa desaparecera.
>
> Proceedings of the S.P.R, vol. VIII, p. 183

Neste caso, os latidos de medo emitidos pelo cão demonstram que ele percebia alguma coisa anormal. A circunstância, teoricamente importante, de que isso aconteceu antes que as duas meninas tivessem enxergado o fantasma de um de seus familiares na direção para a qual o cão rosnava, exclui em definitivo a hipótese com que se quisesse explicar as manifestações em causa como um fenômeno de transmissão telepática ao animal de formas alucinatórias criadas pela mente das pessoas presentes.

53º caso – (Visual, com anterioridade do animal para a pessoa).

Extraio-o dos Proceedings of the S.P.R., Vol. X, p. 327. O sr. H.E.S., que não deseja ter seu nome publicado, escreve o que segue:

> 8 de agosto de 1892
>
> Pelo ano de 1874, quando eu tinha só 18 anos, estava na casa de meu pai e, numa manhã de verão, levantei-me pelas cinco horas afim de acender o fogo e preparar o chá. Um grande cão de raça bull-terrier, que tinha o hábito de me seguir por toda parte, estava ao meu lado enquanto acendia o fogo. Em certo momento, ouvi que ele rosnava surdamente e o vi olhar na direção da porta. Virei-me nessa direção e, com grande pavor, enxerguei uma figura humana alta e escura, cujos olhos chamejantes se dirigiam para mim. Dei um grito de alarme e cai de costas no chão. Meu pai e meus irmãos acorreram de imediato, crendo que ladrões tivessem entrado na casa. Contei-lhes o que tinha visto. Eles acharam que a visão se originara de minha imaginação perturbada por causa de uma moléstia recente. Mas por que então o cão teria percebido também alguma coisa? Esse cão via às vezes coisas que eram invisíveis para mim. Ele se lançava contra elas, fazendo o gesto de morder o ar. Depois me olhava de um jeito como se quisesse dizer: "Tu não viste?".

Neste caso, como no anterior, o relator-receptor, que naquele momento estava acendendo o fogo – operação pouco favorável a ensejar alucinações – voltou-se e viu o fantasma porque seu cão começou a rosnar de forma ameaçadora. Portanto, é difícil duvidar que houvesse uma aparição objetiva nesse ponto da peça em direção do qual o animal rosnava. Por outro lado, o fato de que o cão foi o primeiro a notá-lo e que o recebeu como os cães costumam receber os estranhos, tornam fora de dúvida que o animal percebeu o mesmo fantasma humano visto pelo dono um momento depois.

54º caso – (Visual-coletivo).

Extraído de Phantasms of Living, vol. II, p. 197.

O caso que vou apresentar e o que se segue tratam de

locais assombrados. Pertencem, pois, à categoria VI da presente classificação. Entretanto, como nos locais em questão não se produziam outros fenômenos psíquicos além da aparição de uma figura humana, pareceu-me adequado integrá-los nesta categoria.

> 2 de março de 1884
>
> Em 1875, minha irmã e eu, que tínhamos treze anos, estávamos voltando para casa de carruagem, num dia de verão, pelas quatro horas da tarde, quando de repente vimos pairar, acima de uma sebe, uma figura de mulher que deslizava sem ruído atravessando a estrada. Era branca, estava em posição oblíqua e a uns dez pés do chão.
>
> O cavalo se deteve de repente, e tremia tanto de medo que não podíamos fazer com que obedecesse. Perguntei a minha irmã: "Você está vendo isso?" Ela respondeu que via e fez a mesma pergunta a seu filho Caffrey, que estava junto.
>
> A figura passou pela sebe, atravessou a estrada e por cima de um campo, e depois a perdemos de vista do outro lado de uma plantação. Acho que a enxergamos durante dois minutos. Jamais tocou o solo, flutuando a alguma altura do chão.
>
> Chegando a casa, contamos a nossa mãe o que tínhamos visto. Tínhamos certeza de que não tinha sido engano, nem uma ilusão dos sentidos, nem uma coruja ou qualquer coisa desse tipo.
>
> Nunca vi nada parecido, e nunca tive outra visão, nem antes nem depois. Tínhamos os três boa saúde, o tempo estava bom e ninguém tinha nos sugerido a ideia de uma aparição antes daquilo.
>
> Mais tarde, soubemos que acreditavam que aquela estrada era assombrada, e vários habitantes da região tinham enxergado uma aparição por ali.
>
> Violet e Sidney Montgomery

Aqui a aparição foi vista por três pessoas ao mesmo tempo, e por um cavalo que parou de repente, tremendo e amedrontado, a ponto de ficar insensível ao comando do cocheiro. Creio que não é preciso insistir sobre o fato de que em circunstâncias análogas às que expus anteriormente, seria absurdo levantar ainda dúvidas sobre o fato de que os animais percebem realmente as mesmas visões que são percebidas pelas pessoas. Não ignoro que, de um ponto de vista rigorosamente científico, não possuímos, em tais circunstâncias, a "prova absoluta" requerida para sustentar a hipótese em questão. Não o ignoro em absoluto. Mas devo notar que essa objeção também não possui um peso absoluto e, pelo contrário, transforma-se em sofismo, diante do acumulado impressionante de "provas relativas".

Lembro que o fantasma enxergado já tinha sido visto por várias pessoas no mesmo local, e as três pessoas que se encontravam no carro o ignoravam, o que exclui totalmente a hipótese de "atenção expectante". Só nos resta reconhecer a natureza, de certa forma objetiva, do fantasma, que pertence à classe das assombrações.

55º caso – (Visual, com anterioridade do animal para a pessoa).

O caso encontra-se em Phantasms of the Living (vol.II, p. 197). O nome da senhora que o relata não é dado, mas é conhecido dos membros do Conselho dirigente da Society for PR. A srta. K. escreve:

> Era uma noite de inverno do ano de 18... Estava em meu quarto, sentada perto da lareira, absorvida em acariciar minha gatinha de estimação. Ela estava encolhida em meu colo, quase dormindo, olhos semifechados, quase entorpecida.
>
> Embora não houvesse luz acesa no quarto, o fogo iluminava perfeitamente tudo. A peça onde estávamos tinha duas portas, uma dando para um quarto provisoriamente fechado. A outra, em face da primeira, dava para o corredor.
>
> Minha mãe tinha saído havia poucos minutos, e a poltrona confortável e antiga, de encosto alto, onde ela estivera sentada, estava vazia do outro lado da lareira. Minha gatinha, com a cabeça deitada em meu braço, parecia cada vez mais sonolenta e eu estava pensando em ir deitar-me. De repente, percebi que algo inesperado rompera a tranquilidade da gatinha. Tinha cessado bruscamente

seu ronronar e dava sinais evidentes de uma inquietação crescente. Debrucei-me para ela, tentando acalmá-la com carícias, quando de repente ela se ergueu nas quatro patas e começou a bufar com força, as costas e a cauda arqueadas, numa atitude de desafio e terror.

Esa forma de agir me fez erguer a cabeça, e enxerguei com pavor uma figura baixa, feia, enrugada, de megera velha, sentada na poltrona de minha mãe. Estava com as mãos nos joelhos e inclinava o corpo com a cabeça em direção à minha. Os olhos penetrantes, brilhantes, maus, me fitavam fixamente. Parecia que era o diabo me olhando por seus olhos. Suas roupas e seu aspecto pareciam os de uma mulher da burguesia francesa, mas isso não me importava, porque seus olhos com pupilas estranhamente dilatadas e com uma expressão maldosa me tiravam o ar, mas esses olhos maus me fascinavam e me cortavam a respiração. Não podia tirar o olhar deles e muito menos levantar-me.

Enquanto isso, eu tentava segurar com força a gata, mas ela não queria ficar perto daquela coisa horrível. Após alguns esforços desesperados, conseguiu libertar-se e, saltando sobre cadeiras, mesas e tudo que via pela frente, lançou-se várias vezes com violência contra a parte superior da porta que dava para o quarto fechado. Depois, voltando-se para a outra porta, continuou a se lançar contra ela com fúria terrível. Meu pavor aumentou: eu olhava ora a megera, cujos olhos maldosos continuavam a me fixar, ora seguia com os olhos minha gata que se tornava cada vez mais frenética. Por fim, a ideia assustadora de que o animal estivesse talvez com raiva me fez respirar novamente e comecei a gritar com todas as forças.

Mamãe acorreu rapidamente. Assim que ela abriu a porta, a gata saltou literalmente por cima de sua cabeça, e durante uma meia hora continuou a correr para cima e para baixo pela escada, como se alguém a perseguisse. Eu me virei para mostrar a minha mãe a causa de meu susto. Tinha desaparecido.

Nesses casos, é bem difícil avaliar a passagem do tempo; contudo, penso que a aparição durou de quatro a cinco minutos.

Soubemos depois que esta casa havia pertencido outrora a uma mulher que tinha se enforcado neste mesmo quarto.

Assinado: srta. K.

O general K., irmão da receptora, confirma o relato acima. Para outras informações sobre o assunto, envio o leitor ao Journal of the SP.R., vol. III, páginas 268-271.

O caso é sem dúvida notável, seja por si mesmo, porque se trata de um fenômeno de assombração ligado ao suicídio de uma velha senhora acontecido no mesmo quarto, seja pelo paroxismo de terror excepcional que acometeu a pobre gata à vista do fantasma repulsivo que surgiu de repente diante dela. Digo "fantasma", simplesmente, porque não poderia imaginar outra coisa que explicasse o terror intenso que tomou conta da gata; terror que não acabou mesmo depois do desparecimento da causa que o provocara.

Pode-se acrescentar que também neste caso a receptora desconhecia o drama que tinha acontecido no quarto, e portanto, mesmo se a gata não tivesse sido a primeira receptora, a srta. K. não poderia ter se sugestionado para provocar em si própria uma alucinação do fantasma.

56º caso – (Visual-coletivo)

Retiro o caso dos Annales des Sciences Psychiques, 1907, páginas 67 e 72, e 1911, página 161. Pertence às famosas experiências clássicas do professor Ochorowicz com a médium srta. Stanislawa Tomczik. Em seu relatório de 16 de janeiro de 1909, diz ele:

> Na maioria das sessões precedentes, tomaram parte como testemunhas sem voz ativa meus dois cães, um terra-nova grande e um pequeno spaniel de raça não pura. Sendo bem educados, não atrapalhavam nada e deitavam-se tranquilamente no chão perto de uma poltrona a cerca de cinco metros do divã onde se fazia a maior parte das experiências. No instante em que a sonâmbula disse que a pequena Stasia havia sentado naquela poltrona, o spaniel deitado à frente dela começou a rosnar.
>
> Voltei-me e vi o cão olhando fixo para a poltrona. O terra-nova dormia e não prestava atenção. Ele não podia, aliás, enxergar a poltrona. Mas o spaniel repetiu o rosnado três vezes, só erguendo a cabeça e sem se mover. Só se acalmou quando a sonâmbula disse que a menina não estava mais lá.

Um pouco adiante, no relatório da sessão de 19 de janeiro de 1909 (p.72), o dr. Ochorowicz relata este outro fato, em que uma gata é protagonista:

> O início da materialização do duplo parece ser confirmado pela atitude de uma gata branca que se encontrava na sala de jantar. Ela olha fixamente, com um medo visível, o local em baixo da mesa onde estaria a pequena Stasia. Volta o olhar diversas vezes para esse lado, depois se afasta amedrontada e se esconde num canto, o que nunca costuma fazer.

No relatório de 17 de outubro de 1911, Annales, 1911, p.161, encontramos um terceiro fato do mesmo tipo, cuja protagonista é uma cachorra são-bernardo. Diz o dr. Ochorowicz:

> Estou sentado à minha mesa de trabalho. A srta. Tomczik está diante de mim e estamos conversando. De repente, minha cachorra são-bernardo, que estava deitada em baixo da mesa, aos meus pés, ergueu-se e começou a rosnar, olhando para o canto do canapé atrás de mim. Avançou lentamente, como assustada, e começou a latir, fixando o mesmo ponto, onde não havia nada.
> A srta. Tomczyk, nesse momento, sentiu um arrepio, que atribuiu à atitude incompreensível da cachorra.
> – Ela estaria vendo alguma coisa, talvez?
> – Sem dúvida é a pequena Stasia – disse eu brincando – que veio nos ver... Vamos pegar a mesinha.
> A srta. Tomczik colocou a mão esquerda nela e aguardamos... A mesinha se aproximou de mim como para me saudar com alegria.
> – És tu mesma, Stasia?
> – Sim, respondeu a mesa.
> Decidi então fazer uma primeira sessão dali a dois dias... A pequena Stasia se manifestou, mas se materializou tão pouco que a sonâmbula mal a percebeu, e a cachorra não a enxergou de modo algum.

Os casos que acabamos de relatar, nos quais os animais viram o fantasma da pequena Stasia, são três, ao passo que a própria médium, em estado normal, não o via e só podia fazê-lo quando em estado sonambúlico, o que levaria a demonstrar que os animais superiores não apenas dividem com as pessoas a posse de faculdades supranormais subconscientes, mas também as exercem quase normalmente. Sem negar essa possibilidade, deve-se entretanto apontar o seguinte: no caso de manifestações telepáticas, trata-se efetivamente do exercício de uma faculdade supranormal subconsciente, porque toda manifestação telepática é causada por uma mensagem psíquica transmitida pelo Eu integral ou espiritual do agente e recebida pelo Eu integral ou espiritual do receptor, que a passa a seu Eu consciente, ou encarnado, em forma de projeção alucinatória-verídica, única forma acessível a uma personalidade desse tipo. Mas no caso das experiências que acabamos de citar, poder-se-ia explicar os fatos sem extrapolar da visão material, porque, nesses casos, o fantasma da pequena Stasia conseguia se materializar de uma forma mais ou menos vaga, a ponto de se poder fotografá-la. Para explicar os fatos, seria suficiente então supor que as pupilas desses animais seriam sensíveis aos raios ultravioletas, como uma chapa fotográfica, e que, por conseguinte, poderiam enxergar com seus olhos físicos o que é invisível para os olhos humanos.

57º caso – (Visual-coletivo, com diferença de percepções).

Está nos Annales des Scienes Psychiques, 1911, página 55.

O sr. M.G. Llewellyn, um conhecido escritor inglês, inicia avisando aos leitores que não é espírita e que nada conhece do espiritismo. Nunca assistiu a sessões mediúnicas, nunca leu livros ou revistas que tratam destas questões, até pouco tempo. Apenas lhe afirmaram diferentes pessoas que ele é um "sensitivo". Depois dessas premissas, continua:

> Em certa noite, que nunca esquecerei, estava em meu estado normal de saúde, bem tranquilo. Tinha me deitado fazia pouco e me achava nesse estado de espírito calmo que é o do quase sono. O quarto estava mergulhado em total obscuridade, pois eu tinha apagado a lâmpada elétrica e corrido as cortinas amplas e grossas que cobriam as duas janelas grandes. Meu gatinho, que dormia sempre sobre a minha cama, ali se achava, como de hábito, e repousava tranquilamente.
>
> Enquanto me achava assim, com os olhos semicerrados, percebi que aparecia de repente, ao alto da parede à direi-

ta (o lado para o qual eu estava voltado) um longo traço de luz de um azul claro encantador. Moveu-se na direção da janela da direita, e eu o olhava fascinado.

"Que estranho! pensei. Nunca vi o luar entrar desse modo com as cortinas fechadas, e um azul que não é o do luar – move-se de jeito estranho... O que poderá ser? Mas sem dúvida, deve ser o luar, e talvez haja nuvens que passam pela Lua".

A luz, de um azul que eu jamais tinha visto antes e não vi depois, continuava a se deslocar pelo quarto, sempre do mesmo lado, perto do teto, e eu olhava bobamente para o alto da porta, do qual pendia uma grossa cortina vermelha, como se a luz pudesse atravessar uma tal muralha!

Por fim saltei da cama, abri as cortinas e as persianas e olhei pela janela. Meu olhar espantado só encontrou uma obscuridade impenetrável. Nada de Lua, nem uma uma estrela, nem a menor claridade! Não conseguia enxergar nem a estrada, nem a fileira de árvores que ali havia – nada. Os lampiões de rua são apagados cedo no lugar onde moro, e as trevas eram absolutas.

"Poderia ser alguém com uma lanterna ou um projetor?" perguntei-me, ainda surpreso, voltando à cama. Não estava assustado em absoluto e não me ocorrera a ideia de que pudesse haver naquilo algo de sobrenatural.

Enquanto eu remoía a ideia, o gato saltou de repente para baixo da cama, com o pelo eriçado, os olhos faiscando, e de um salto foi até a porta, onde começou a arranhar furiosamente o reposteiro, dando os gritos mais assustadores que jamais ouvi num animal. Fiquei um pouco assustado. Contudo, até aí, não pensei em nada sobrenatural, pensei apenas que o gato tivesse enlouquecido de repente. Esse fato me fez esquecer completamente a luz azul.

Fiquei tão mal ao ver o terror do pobre animal que o tomei nos braços e tentei acalmá-lo. Tremendo todo, o gatinho se apertou contra mim escondendo a cabeça, e parecia presa do mais intenso pavor. Acariciei-o e o mimei, e ele foi se acalmando pouco a pouco; mas para minha grande surpresa, ergueu-se num lado da cama, com o olhar aterrorizado, os olhos faiscando, o pelo de novo eriçado. Eu não via nada, mas estou absolutamente convencido de que o gato estava enxergando alguma coisa; nada pode abalar minha convicção.

> Sentindo-se seguro em meus braços, agora que o choque da terrível visão – seja qual fosse – tinha passado, o pobre Fluff esticava o pescoço e olhava para baixo, na direção do tapete, acompanhando os movimentos do inimigo, como se este, invisível para mim, estivesse indo e vindo ao longo da cama, voltando diante do banheiro. A "coisa", fosse o que fosse, estava no chão e não fazia qualquer tentativa de subir à cama. Se "aquilo" tivesse se aproximado de nós, tenho certeza de que Fluff teria morrido de medo imediatamente. Eu olhava na direção do olhar do gato, mas só enxergava o tapete!
>
> Sem dúvida, não posso esquecer que eu tinha visto a luz azul, enquanto o gato dormia. Podia-se alegar que meu medo da luz teria se comunicado ao gato; mas como eu não tivera medo algum, e achava que se tratasse de alguma coisa natural... Em todo caso, o que meu gato viu devia ser algo horrível, porque Fluff é o mais tranquilo, o mais doce animalzinho que jamais vi. Durante muito tempo, nós pensamos mesmo que ele era mudo, porque nunca se ouvia sua voz.

A propósito desse interessante relato, observo que o extraordinário pavor manifestado pelo gato não deve necessariamente nos levar a crer que ele tenha visto algo de horrível. Numerosos exemplos atestam que os animais são tomados de um medo irresistível em presença de qualquer fantasma, ainda que absolutamente angelical. O que produz o seu pavor é a intuição instintiva de que se encontram diante de um fenômeno supranormal.

Quanto ao fenômeno da luminosidade errante que o sr. Llewellyn percebeu antes, serve para confirmar a origem supranormal da manifestação percebida pelo animal. Demonstra que de fato, naquela noite e naquele local, se produziram realmente manifestações supranormais de que um gato e seu dono foram expectadores, de maneiras diferentes. Dissemos já que essa diferença de percepção é muito frequente pelas características especiais dos receptores, em virtude do que uma mesma manifestação supranormal pode não afetar visualmente a mente de uma pessoa, mas lhe ser parcialmente transmissível sob uma forma auditiva, tátil, olfativa, emocional. São apenas modos diversos nos quais pode se transformar, indiferentemente, o mesmo impulso telepático-espírita e que, para passar do subconsciente à consciência, tem que seguir a "via de menor resistência" marcada pelas peculiaridades sensoriais próprias de cada receptor.

Isso tudo diz respeito às manifestações supranormais percebidas conjuntamente por meio de sentidos diferentes. O mesmo fenômeno, porém, pode se produzir nas manifestações supranormais percebidas coletivamente por intermédio de um mesmo sentido, como no caso relatado pelo sr. Llewellyn. Essas diferenças na forma de percepção de um fenômeno são muito frequentes nas manifestações metapsíquicas. Recordo que nas sessões com William Stainton Moses, acontecia com frequência que, no local onde o médium enxergava uma entidade espiritual, as testemunhas viam uma coluna luminosa, e às vezes uma simples faixa luminosa se deslocando pela parede, com frequência de cor azul, como no caso que acabamos de citar. Este pode, portanto, se explicar perfeitamente da mesma forma, considerando-se que o animal tenha enxergado um fantasma onde seu dono só via uma faixa luminosa azulada se deslocando.

58º caso – (Visual-coletivo).

Este caso foi publicado pelos mesmos Annales des Sciences Psychiques, 1907, p. 423. É parte integrante da misteriosa história de "Noula", relatada pelo coronel de Rochas. Trata-se de uma jovem senhora russa de classe alta, descendente dos príncipes Radziwill, que enxergava constantemente a seu lado um fantasma feminino que ela chamava de "Noula", e cuja realidade objetiva foi comprovada pelo fato de que foi fotografada diversas vezes. Na primeira vez em que Noula apareceu, foi vista inicialmente pelo cavalo da senhora a quem se deve o relato do episódio:

> ...Sempre vivi com essa personagem dupla que chamo de Noula! Quando era criança não a via, mas sempre, em minhas brincadeiras, tinha a impressão de que eu não estava sozinha. Os outros me ouviam responder a perguntas que lhes pareciam criadas pela minha imaginação. A quem eu respondia? Não sei, e não tenho lembrança desses fatos.

Meu pai, quando me levaram aos médicos, se recorda perfeitamente do fato. O que posso afirmar-lhes é que eu não tinha nenhum prazer em brincar com outras crianças, ficando satisfeita em estar só. Entretanto, só eu não estava. Enxerguei Noula quando deixei a infância; era jovem. Sua primeira aparição aconteceu certo dia em que eu andava a cavalo com meu pai, que me acompanhava sempre. Pareceu-me tão extraordinária que de início achei que era uma alucinação.

Normalmente eu montava um cavalo acostumado comigo e adestrado. Nesse dia, tive um capricho de montar um garanhão que ainda não tinha sido montado. De início pude guiá-lo, mas depois, teve um ímpeto e partiu velozmente. O que aconteceu? Não sei, mas de súbito, ele ficou calmo e, diante de meus olhos, estava Noula! Noula, claramente vista! Achei por um instante que alguém, vendo-me em perigo, havia detido o cavalo, e quis agradecer. Meu pai chegou e começou a censurar-me com calma por meu capricho, quando, ao me olhar, me viu alterada, com uma sensação estranha, que eu experimento às vezes ainda: é a sensação de uma imenso vazio, como se me sentisse no ar. Não adiantou me chamar, eu não respondia. Ele me tomou nos braços, me fez descer, e eu conservava aquele olhar fixo e os olhos arregalados que o assustavam tanto. Isso durou talvez um minuto, e no entanto foi longo. Quando eu saí desse estado, minhas primeiras palavras foram: "Tu a viste?" Meu pai não compreendeu, e me olhava com tanta preocupação que adivinhei logo o que pensava. Eu contei a ele o que tinha acontecido e, com sua lógica de matemático, ele concluiu que o medo tinha me causado uma alucinação. Mas eu sentia que não! Queria apenas sossegá-lo; ele tinha tanto receio por mim! Voltamos sem qualquer outro incidente. Eu fazia muito esforço para parecer alegre, mas tinha medo! Ao chegarmos, meu pai me levou a meu quarto, porque percebia que eu não estava bem. Ele saiu um pouco para deixar que eu me vestisse. E, quando fiquei sozinha, ela voltou! Meus gritos fizeram meu pai voltar, e ele chamou o médico, porque não enxergava nada. Quando chegou, o bom doutor me deu um pouco de calma administrando-me quinze gotas de ópio, que tiveram por efeito me fazer dormir.

> Esta, senhor, foi a primeira visita de Noula... E desde ali, Noula tornou-se cada vez mais clara para mim. Sobretudo depois que enfraqueci, porque a tristeza de minha vida atua penosamente em meu estado de saúde. Sou muito anêmica e fraca. Noula é forte e saudável.

Interrompo aqui o interessante relato do qual retirei o fato que acabamos de ler; o que segue não diz respeito, realmente, ao assunto de que estamos tratando. Direi apenas que a senhora em questão, com a esperança de que o coronel de Rochas pudesse libertá-la do fantasma obsidiante, viajou para a França; infelizmente, chegando a Varsóvia, ela ficou doente e morreu.

Do fato exposto, vê-se que o cavalo enxergou o fantasma de Noula antes da jovem e essa aparição exerceu um efeito tranquilizante no animal. Ora, como esse feito é diametralmente oposto ao que se dá comumente com a visão de um fantasma pelos animais, deve-se concluir daí que o fato aconteceu de acordo com a vontade do próprio fantasma, que evidentemente quis salvar de um grave perigo a jovem com a qual estava em contato.

Mas como explicar a presença e a persistência desse fantasma misterioso? O sr. de Rochas hesita entre a hipótese de um fenômeno de "desdobramento do receptor" e um caso de "vampirismo". Em favor da primeira hipótese, pode-se citar a observação da narradora de que, no momento em que Noula lhe apareceu, teve uma estranha sensação de grande vazio, junto com a de pairar no ar – o que deixaria supor realmente um fenômeno de "desdobramento". Contudo, nesse caso, a receptora teria que ter visto a imagem espectral de si própria, e não a de uma outra pessoa, fisicamente muito diferente dela, já que a receptora era loura, franzina, pálida, enquanto Noula se mostrava morena, forte e sadia. Considerando esse detalhe, a sensação de vazio sentida pela receptora se explicaria por uma subtração de força vital de seu organismo pela entidade que se manifestava.

Quanto à hipótese de um caso de vampirismo exercido por Noula sobre a receptora, o sr. de Rochas a considera tendo em conta sobretudo o enfraquecimento progressivo da saúde da senhora em causa, e que se poderia atribuir razoavelmente a uma subtração contínua de força vital exercida pelo fantasma de Noula. Esta deveria então ser considerada como uma entidade espiritual de baixo nível, com anseio de viver, e que, tendo encontrado na constituição orgânico-funcional da senhora alguém para extrair a força vital, teria se agarrado a ela afim de obter a satisfação de se sentir ainda ligada ao plano terrestre, revivendo sua existência por reflexo. Conhece-se alguns exemplos cientificamente estudados que sugerem esta hipótese, mas trata-se, até agora, de casos muito raros e que podem ser explicados de outros modos. Não constituem nenhuma "hipótese de trabalho" e menos ainda uma teoria clara e definida como aquela que os ocultistas construíram sobre o "vampirismo". Mais vale, pois, suspender o julgamento do tema, deixando a solução do problema para aqueles que virão depois de nós.

Para outros nove casos dessa categoria, envio o leitor às obras e publicações seguintes:

59º caso – Proceedings of the S.P.R. vol. V, p. 470 (Visual-auditivo-coletivo)

60º caso – Proceedings of the S.P.R. vol. VI, págs.247-248 (Visual-coletivo)

61º caso – Proceedings of the S.P.R. vol. X, págs. 329-330 (Visual-coletivo)

62º caso – Light, 1903, p. 141 (Auditivo-coletivo, com anterioridade do animal para o homem)

63º caso – Journal of the S.P.R., vol. III, págs. 241-245-246-248-249-250-252-325-326-327 (Visual-auditivo-telecinésico-coletivo, com anterioridade do animal para o homem, assombração)

64º caso – Journal of the S.P.R., vol. IV, p.139 (Visual-coletivo)

65º caso – Journal of the S.P.R., vol. IV, p.215 (Visual-coletivo)

66º caso – Journal of the S.P.R., vol. VIII, p. 309 (Visual-coletivo)

67º caso – Journal of the S.P.R., vol. IX, p. 245 (Visual-coletivo-sucessivo)

Quinta categoria

Animais e premonições de morte

Esta categoria se subdivide em três subgrupos distintos, e apenas o terceiro tem importância especial para o assunto de que tratamos.

O primeiro subgrupo diz respeito às manifestações premonitórias percebidas simultaneamente pelos animais e pelas pessoas, circunstância interessante mas que, do nosso ponto de vista, não difere em nada das outras condições já examinadas nas categorias anteriores.

O segundo subgrupo se compõe de casos nos quais os eventos premonitórios se repetem tradicionalmente em uma mesma família, assumindo em geral uma forma simbólica, isto é, a iminência de uma morte é anunciada por uma aparição – por exemplo, da Dama Branca, como na família dos Hohenzollern, ou pelo tique-taque característico que foi chamado de "o relógio da morte", ou pelo som de um tiro de fuzil, ou por gritos lamentosos ou, enfim, pela aparição de um fantasma animal, sempre o mesmo para determinada família. Como se pode ver, este segundo subgrupo, em que o fantasma é apenas um símbolo, não tem nada em comum com as manifestações de que tratamos nesta obra, exceto as aparências.

Por fim, o terceiro subgrupo se constitui de fatos importantes de nosso ponto de vista, porque dizem respeito às faculdades premonitórias da psique animal. Consistem no fato de que os animais domésticos apresentam por vezes a faculdade de prever, a curto prazo, o falecimento de uma pessoa da família, anunciando-o por gemidos e uivos característicos. Essa faculdade de várias espécies animais é bem conhecida. Os "uivos da morte" dos cães fazem parte das tradições de todos os povos. Tratar-se-ia, pois, de uma faculdade análoga à faculdade premonitória das pessoas, embora circunscrita a limites mais modestos.

Primeiro Subgrupo

Manifestações premonitórias de morte percebidas em comum por pessoas e animais

68º caso – (Auditivo-coletivo)

Este caso foi publicado pela sra. Sidgwick em sua obra sobre premonições, Proceeding of the S.P.R., vol. V, pp.307-308 e compilado e estudado por Myers em abril de 1888.

A sra. Cowpland-Trelaor relata:

> Em uma noite do mês de junho de 1863, em nossa casa do vicariato de Weeford, Staffordshire, minha irmã e eu fomos acordadas de repente por um uivo lamentoso. Andamos por todos os cantos da casa, que se elevava isolada no meio do campo, sem descobrir nada. Nesse primeiro momento, nem nossa mãe nem os empregados foram despertados pelos uivos. Entretanto, encontramos nosso cão buldogue com o focinho enfiado num monte de lenha e tremendo de medo.
>
> No dia 27 desse mesmo mês, nossa mãe morreu.
>
> O segundo caso que relataremos foi muito mais impressionante e aconteceu no mesmo local, em agosto de 1879. Nosso pai estava doente fazia algum tempo, mas em condições de saúde estáveis, e no domingo 31 de agosto, ele ainda oficiou na igreja, embora fosse morrer nove dias depois. A família, nessa época, se compunha de nosso pai, minha irmã e eu, nosso irmão, dois empregados e uma camareira. Dormíamos todos em quartos separados, em diferentes partes da casa que, para um presbitério, era muito grande.
>
> Era por uma noite calma e serena dos últimos dias de agosto. Não havia nenhuma estrada de ferro nos arredores. Não existiam casas na vizinhança, nem ruas que

fossem percorridas por passantes tardios. O silêncio era absoluto e a família estava mergulhada no sono, quando, entre meia noite e meia noite e um quarto, fomos todos acordados, menos nosso pai, por uivos repentinos, desesperados e terríveis, com um tom diferente de qualquer voz humana, e parecidos com aqueles ouvidos quando da morte de nossa mãe, mas infinitamente mais intensos. Os gritos vinham do corredor que levava ao quarto de nosso pai. Minha irmã e eu saímos da cama; ninguém poderia dormir com esse barulho. Acendemos uma vela, e fomos ao corredor sem sequer pensar em nos vestir. Lá encontramos meu irmão e os três empregados, todos aterrorizados como nós. Embora a noite estivesse muito calma, os uivos desesperados eram acompanhados por golpes de vento que pareciam vir de longe e parecia que vinham do teto. Continuaram por mais de um minuto, depois desaparecem por uma janela.

Um estranho fato se acrescenta a este: nossos três cães, que dormiam com minha irmã e eu, haviam corrido a se agachar nos cantos, com o pelo das costas eriçado. O buldogue tinha se escondido embaixo da cama e, não conseguindo que saísse chamando-o, tive que arrastá-lo a força, constatando que estava tomado de um tremor convulsivo. Corremos para o quarto de nosso pai, e vimos que ele dormia tranquilamente. No dia seguinte, com as precauções devidas, comentamos em sua presença o acontecido à noite, e constatamos que ele não tinha escutado nada. Como seria impossível dormir de um sono comum com aqueles uivos atrozes, deve-se concluir que eles não se faziam ouvir por ele. Uns quinze dias depois, precisamente no dia nove de setembro, nosso pai faleceu.

E agora um terceiro caso.

Em 1885, casei-me e fui morar em Firs, Bromyard, com minha irmã, a sra. Gardiner. Meu irmão morava a cinco milhas de distância e gozava então de perfeita saúde. Em uma noite, pela metade do mês de maio, minha irmã e eu, a criada Emilie Corbett e os outros criados, estando meu marido ausente, ouvimos de novo os uivos desesperados habituais, embora menos horríveis que da última vez. Saímos da cama e percorremos toda a casa sem encontrar nada.

Em 26 de maio de 1885, meu irmão morreu.

O quarto caso aconteceu no fim do mês de agosto de 1885.

> Eu, Emilie Corbett e os outros criados ouvimos de novo os uivos. Entretanto, como nossa casa não era isolada como o presbitério de Weesford, e como os uivos não eram não fortes como naquela ocasião, me apeguei à ideia de que podiam vir de algum passante, embora não pudesse me furtar a certa inquietude em relação a minha irmã, a sra. Gardiner, que naquela ocasião não estava bem. Mas ao contrário, nada aconteceu a ela, que ainda está viva; porém outra irmã nossa, a srta. Annie Cowpland, que gozava de perfeita saúde na ocasião em que ouvimos os uivos, morreu uma semana mais tarde de uma difteria.
>
> Assinado: sra Cowpland-Trelaor;
> sra. Cowpland-Gardiner;
> Emily Corbett.

Analisemos brevemente esse caso interessante, estudado por Myers. Como dissemos, do ponto de vista da classificação ele não apresenta nenhuma importância especial, sendo análogo aos casos relatados na quarta categoria, exceto pelo fato de que não se trata mais de visões coletivas de fantasma, mas da percepção de sons de natureza supranormal. Lembramos, a propósito, que o fato em si da previsão de morte, transmitido aqui sob a forma de uivos desesperados, se explica pelas idiossincrasias pessoais dos sensitivos a quem a mensagem é transmitida. Isto é, que normalmente a forma como se realizam os fenômenos premonitórios, como todo fenômeno supranormal, representa apenas a "via de menor resistência" tomada pela mensagem para chegar, ou do Além ou das profundezas do subconsciente, até à consciência dos sensitivos. Isso, naturalmente, se refere às manifestações de ordem subjetiva, que constituem a grande maioria dos casos de realização inteligente. No caso, entretanto, de fantasmas ou de percepções fônicas de natureza objetiva, sua realização não depende mais das idiossincrasias dos receptores, mas da presença de um sensitivo que forneça fluidos e energia à personalidade que se manifesta. Faço notar que, no caso que descrevemos acima, ocorre o fato de os animais terem percebido, ao mesmo tempo que as pessoas, o som dos uivos premonitórios, o que levaria a supor que se tratava, nesse caso, de sons objetivos. Nesse caso, a circunstância do pai enfermo que nada escutou, porque não deveria escutar, se explicaria supondo que ele se encontrava mergulhado em um sono sonambúlico.

Segundo Subgrupo

Aparição de animais em forma simbólico-premonitória

Como constatamos, os fantasmas animais que possuem unicamente função simbólica não pertencem à categoria de manifestações de que tratamos nesta obra, mas à do "Simbolismo nas manifestações metapsíquicas em geral". É um tema de que já tratei em uma monografia específica. Nessas ocasiões, o fantasma animal, segundo tudo indica, só representa uma projeção alucinatória de uma ideia pensada e transmitida intencionalmente pelo agente telepático, e de acordo com o fato de que, naquele meio familiar, existe uma tradição de que a aparição de um fantasma animal específico equivale a um anúncio de morte iminente na família. Em consequência, essa forma de premonição depende também de uma espécie de idiossincrasia que teria se perpetuado de uma geração a outra entre os membros da mesma família.

Conhece-se exemplos de mensagens simbólico-premonitórias que, há muitos séculos, se repetem de forma idêntica na mesma família, mas essas mensagens se constituem de simbolismos diversos daquele que iremos tratar aqui. Acrescento que os casos em que o simbolismo toma a forma de um fantasma animal são raros, e incluem um reduzido número de repetições da mesma aparição. Devemos, pois, considerá-los apenas casos rudimentares de simbolismo premonitório.

Eis dois pequenos exemplos que vou citar.

69º caso – (Visual)

Este caso encontra-se nos Proceedings of the S.P.R., vol.V, p.156.

A sra. E.L.Kearney relata:

1° de janeiro de 1892

Meu avô estava enfermo. Numa noite, quando eu descia

> uma escada interna de nosso apartamento, enxerguei no corredor um gato estranho que vinha em minha direção. Assim que me viu, ele correu a se esconder atrás de uma porta que dividia o corredor em duas partes. Essa porta estava colocada de forma a ficar sempre aberta. Corri imediatamente para, atrás dela, enxotar o estranho animal, mas fiquei extremamente surpresa de não encontrar nada. Não consegui achar nada no resto do apartamento. Contei em seguida o fato a minha mãe. Ela me disse, há poucos dias, que lembrava perfeitamente do caso. Meu avô morreu no dia seguinte

Isso parece ainda mais interessante se considerarmos em relação com outro fato. Minha mãe contou que, na véspera da morte de meu pai, ele também viu um gato que andava ao redor da cama do enfermo. Ela também, como eu, quis enxotá-lo, a também não encontrou nada.

70º caso (Visual).

Retirado dos Proceedings of the S.P.R., vol. V, p. 302.
O relato é da sra. Welman:

> Existe, no lado materno de minha família, uma tradição de que, pouco antes da morte de qualquer um dos seus membros, um grande cão negro aparece a um ou outro dos parentes. Num dia de inverno de 1877, pela hora do jantar, eu ia descer. A casa estava iluminada e, quando eu me dirigia para um corredor que leva à escada, vi de repente um grande cão negro que caminhava à minha frente sem fazer ruido. Na meia luz, pensei que era um de nossos cães pastores, e chamei: "Laddie!" Mas o cão não se voltou e não parecia ter me ouvido. Fui atrás dele. Tive uma vaga sensação de mal-estar, que se se transformou em profundo espanto quando, ao chegar à escada, vi desaparecer diante de mim qualquer vestígio do cão, embora as portas estivessem todas fechadas. Não disse nada a ninguém, mas não pude deixar de pensar o tempo todo no que tinha acontecido. Dois ou três dias depois, recebemos da Irlanda a notícia da morte inesperada de uma tia, irmã de minha mãe – que ocorrera por acidente.

Terceiro Subgrupo

Premonições de morte em que os animais são os receptores

Esta é uma das faculdades mais curiosas e misteriosas da psique animal. Na introdução desta categoria, já mencionei que consiste no fato de que os animais domésticos apresentam às vezes a faculdade de prever um pouco antes a morte de uma pessoa da casa, avisando com gemidos e uivos característicos. Acrescentei que essa faculdade de diversas espécies animais é bem conhecida. Entre as tradições populares, existe também a que se refere aos "uivos da morte" dos cães. Tratar-se-ia, pois, de uma verdadeira faculdade "premonitória" dos animais, embora se mostre mais limitada que a faculdade correspondente que se manifesta esporadicamente nas pessoas.

71° caso – O dr. Gustave Geley, que foi o primeiro diretor do Instituto Metapsíquico Internacional de Paris, e autor de obras metapsíquicas que se tornaram clássicas, fez pessoalmente uma experiência com essa faculdade supranormal dos animais e a descreveu da seguinte forma em seu livro De l'Inconscient au Conscient, p. 192:

> Certa noite, eu estava, como médico, cuidando de uma mulher jovem que, em plena saúde, fora acometida naquele dia por um mal fulminante e estava em agonia. A família estava junto, em silêncio e em lágrimas. A enferma agonizava. Era uma hora da madrugada (a morte ocorreu de dia).
>
> De súbito, no jardim que cercava a casa, soaram os uivos da morte emitidos pelo cão da casa. Era um longo queixume, lúgubre, de uma nota só, a princípio num tom alto, que depois ia decrescendo até terminar suave e lentamente.
>
> Houve um silêncio de alguns segundos e o queixume recomeçou, idêntico e monótono, infinitamente triste. A enferma teve um lampejo de consciência e nos fitou ansiosa. Tinha compreendido. O marido desceu rapidamente para fazer o cão se calar. Quando chegou perto dele, o ani-

> mal se escondeu e foi impossível encontrá-lo no meio da noite. Assim que o marido voltou, o queixume recomeçou e foi assim durante mais de uma hora, até que puderam pegar o cão e levá-lo para longe.

O que se pode pensar de tais manifestações? O relator do caso era um cientista de renome. A autenticidade do fato é incontestável, os uivos do cão eram característicos. A premonição de morte se cumpriu. Não se pode, portanto, deixar de concluir que o cão tenha tido de fato o pressentimento da morte iminente de alguém da casa. A menos que se queira explicar os fatos pela hipótese das "coincidências fortuitas". Nesse caso, teria que se explicar por que os cães, nesses momentos, dão uivos absolutamente característicos, que o relator descreve com tanta precisão. Além disso, se a hipótese das "coincidências fortuitas" pode ser mantida em um caso isolado, não se sustentaria se as ocorrências desse tipo se manifestassem com frequência. Ora, é indubitável que elas se produzem, de fato, com frequência, embora, pela natureza mesmo dos fatos, e porque eles acontecem em ambientes estranhos às pesquisas metapsíquicas, raramente chegam às revistas especializadas.

72º caso

Este caso está registrado na obra de Robert Dale Owen The Debatable Land, p. 282. O autor diz que há mais de trinta anos é amigo íntimo da família na qual aconteceu o fato que vai descrever, e prossegue dizendo:

> A srta. Haas, que tinha à época vinte anos, tinha um irmãozinho de dois anos, que possuía um pequeno cão, seu companheiro constante, que ele amava muito e que também era muito ligado a ele. Parecia que cuidava dele com uma dedicação paternal... Um dia, quando o bebê corria de um lado e outro da sala, deu uma topada no tapete e caiu. A irmã correu, levantou-o, e fazendo-lhe carinhos, conseguiu que parasse de chorar. Mas à hora do jantar, os pais notaram que o bebê estendia a mão esquerda, em vez da direita. Viram então que ele não conseguia mover esta última. Fizeram fricções de álcool canforado no braço doente, sem que o menino se queixasse de nada, e o

> recolocaram à mesa. De repente, o cãozinho se aproximou da cadeira do bebê e começou a uivar de forma queixosa e inabitual. Tentaram afastá-lo, mas ele continuou a uivar da peça ao lado. Então o fizeram sair de casa e ficar no jardim. Ele se colocou sob a janela do quarto do menino e recomeçou a uivar a curtos intervalos, e continuou assim a noite toda, apesar das tentativas feitas para o calar.
>
> Na noite daquele mesmo dia, o menino ficou muito mal, em consequência da queda, e morreu durante a noite, à uma hora da madrugada. Enquanto ele estava vivo, os uivos infinitamente tristes do cão se repetiram a curtos intervalos. Quando o bebê morreu, o cão cessou os uivos, e não os repetiu mais, nem então nem depois.

No primeiro caso citado, a premonição de morte era de uma agonizante, quando os familiares não tinham nenhuma ilusão sobre o desfecho da moléstia. No segundo caso, ao contrário, a premonição de morte se refere a uma criança que parece sadia, cuja atitude não deixa entrever nenhuma consequência fatal da queda tida horas atrás, de forma que a família não tem nenhuma preocupação a esse respeito. O pressentimento de morte manifestado pelo cão parece, nesse caso, ainda mais notável que o precedente. No primeiro caso, se poderia talvez alegar que o cão teria sentido telepaticamente a influência do pensamento dos familiares da agonizante. No segundo caso, essa objeção fica absolutamente excluída.

73º, 74º e 75º casos

A sra Carita Borderieux, atualmente diretora da revista Psychica, publicou na Revue Scientifique et Morale du Spiritisme, 1918, página 136, um artigo sobre os pressentimentos dos animais. Extraio dele estes três casos que ela mesma recolheu:

Primeiro caso.

> Uma amiga minha morava em Neuilly-sur-Seine, onde morreu de tuberculose. Sua agonia foi perturbada pelos uivos sinistros de um cão da vizinhança. Os parentes da moribunda, desesperados por não poderem silenciar o animal, em geral calmo, mandaram dar-lhe uma perna de carneiro que tinham preparado. Foi inútil: o cão desde-

nhou o suculento pedaço, e continuou a uivar até a morte.

Segundo caso.

O Sr. Marcel Mangin, o pintor e psíquico morto em 1915, possuía um cão que tinha a faculdade de pressentir a morte das pessoas da família. Mesmo antes que uma enfermidade viesse inquietar os familiares, o animal começava a uivar de modo estranho, de tal forma que acabaram por notar essa premonição e ter receio dela.
O sr. Marcel Mangin morreu subitamente de uma embolia. No dia anterior, quando nada levava a prever um fim tão próximo para o artista, o cão começou a uivar de forma significativa. O que quer dizer esse cachorro desagradável? – se perguntaram o sr. e a sra. Mangin. No dia seguinte, o pintor morreu.
Assustada, e também injusta, deve-se admitir, a sra. Mangin mandou abater o cão fatal.

Terceiro caso.

A sra. Camille, a célebre vidente de Nancy, contou-me que ela tinha uma cachorrinha.
O marido da sra. Camille estava doente fazia tempo, mas, quando nada em seu estado tinha se agravado, o animalzinho se escondeu de repente sob uma poltrona onde ele estava descansando e começou a uivar lamentosamente.
– Mas o que tem esse animal? – disse o enfermo – Parece que está anunciando minha morte...
Acalmaram-no e levaram embora o animal; mas no dia seguinte, o marido da sra. Camille expirou.

Dos três casos citados pela sra. Borderieux, o que se refere ao falecimento do sr. Marcel Mangin, o psíquico bem conhecido, é o mais notável. Primeiro porque tem um fato análogo ao anterior – do cão que começou a "uivar para a morte" quando seu dono ainda estava bem de saúde e nada poderia prever seu fim iminente. Em segundo lugar, porque se vê do relato que esse mesmo cão já tinha em outras ocasiões e da mesma forma, anunciado as mortes na família. No primeiro dos três casos citados, é marcante o fato do cão que recusa um pedaço suculento de assado, preferindo não interromper seu misterioso mandado de "uivar para a morte".

Dir-se-ia que nesses acontecimentos os animais se encontram numa condição de semisonambulismo, no qual o automatismo subconsciente, dominando seu campo consciencial, os torna insensíveis a quaisquer tentações dos sentidos que seriam irresistíveis em seu estado normal.

76º caso

O sr. William Ford, residente em Reading, Inglaterra, escreveu nos seguintes termos para a Light, 1921, p. 569:

> Quando era jovem, eu possuía um cão pastor de raça mista e cauda curta, que eu tinha treinado para reunir e guiar as ovelhas e os bois. Passamos juntos muitos dias felizes na fazenda paterna. Chegou o dia em que os negócios me obrigaram e deixar a propriedade e o cão foi dado a um velho agricultor que morava perto de Maidstone. Logo o velho e o cão se tornaram companheiros inseparáveis. Aonde o homem ia, o animal o seguia. Essa amizade comovente continuou assim durante três anos.
>
> Certa manhã, o velho agricultor não se levantou à hora habitual, e seu filho foi ver o que significava essa alteração dos hábitos do pai. O ancião, com a maior calma, declarou que sua hora tinha chegado e pediu que lhe trouxessem o cão, que desejava ver antes de morrer.
>
> O filho tentou convencer o pai de que aquilo era uma fantasia deprimente, mas como sua insistência contrariava o velho, foi buscar o cão e o trouxe. Assim que este entrou no quarto, saltou na cama e fez festas ao dono. Depois, foi para um canto e começou a uivar lamentosamente. Foi levado embora, ralhado, acariciado. Nada conseguiu consolá-lo ou fazê-lo calar. Acabou indo para seu canil, presa de um abatimento tão profundo e desesperado que morreu às 8:30 da noite. Seu velho dono o seguiu ao Além às 10 horas.
>
> Dez anos depois, eu estava participando de um grupo experimental particular. Em certo momento, o médium teve um sobressalto. Perguntaram-lhe o que tinha visto e ele respondeu: "Pareceu-me ver um urso; mas era apenas um cão. Ele caiu no meio do grupo de um salto, apoiou as patas dianteiras nos joelhos do sr. Ford e o lambeu". Deu a seguir uma descrição minuciosa do cão, que correspondia totalmente à de meu cão pastor. O médium concluiu

dizendo: "Ele tinha um focinho que parecia sorrir". Esse detalhe também correspondia ao meu cão. Eu não duvido em absoluto da identidade do animal que apareceu.

Neste caso, a premonição de morte pelo animal é menos interessante que nos casos anteriores, porque aconteceu apenas meio dia antes do falecimento, quando o idoso se sentia prestes a morrer. O fato não impede, contudo, que exista a percepção de morte iminente por parte do cão. Há também adicionalmente o fato tocante da morte do animal por causa da profunda dor.

O último fato, do aparecimento do cão durante uma sessão mediúnica, dez anos depois de sua morte, transforma esse relato num caso de transição entre esta categoria e a próxima, em que trataremos dos casos de aparições identificadas de fantasmas de animais.

Em meu arquivo de fatos, não possuo outros exemplos de premonições de morte por parte de animais; o que não significa em absoluto que as manifestações desse tipo sejam raras, mas apenas que até agora se negligenciou o seu registro. O que o demonstra é que, quando se menciona esse tipo de fatos entre as pessoas comuns, isso provoca quase sempre relatos de fatos parecidos. Estes, infelizmente, são contados de maneira tão imprecisa, ou passaram por tantas bocas, que não se pode incluí-los numa classificação científica. Resulta que, embora tudo leve a provar a realidade dessas manifestações, seria contudo prematuro discuti-las. Esse exame será oportuno quando tivermos acumulado em quantidade suficiente o material bruto dos fatos, de forma a poder analisá-los, comparar e classificar de acordo com o método rigorosamente científico.

Sexta categoria

Animais e Fenômenos de Assombração

Esta categoria é pródiga em exemplos interessantes e instrutivos. De fato, após uma rigorosa triagem em minha coleção de fatos, posso conservar ainda trinta e nove deles. Vou limitar-me, naturalmente, a relatar apenas uma parte deles e, para os outros, envio o leitor às publicações que os contêm.

Para maior clareza, subdividi esses casos em dois subgrupos. No primeiro, examinaremos aqueles em que os animais deram sinais claros de perceber, juntamente com as pessoas, as manifestações de assombrações. No segundo, trataremos dos casos de aparição de fantasmas animais em locais assombrados.

Primeiro Subgrupo

Animais que percebem junto com as pessoas as assombrações

Resumirei de início alguns casos constituídos por incidentes curtos distribuídos em longos relatos, que não podem ser descritos por inteiro. Inicio por três casos históricos, extraídos de um artigo de A. Russel Wallace, Étude sur les Apparitions (Estudo sobre as aparições), nos Annales des Sciences Psychiques, 1891, páginas 351-352.

77º caso (Auditivo, com anterioridade do animal para as pessoas).

Em seu relato dos fenômenos que ocorreram na paróquia de Epworth, o eminente John Wesley, fundador da seita dos metodistas, depois de descrever os ruídos estranhos semelhantes aos que fariam objetos de ferro e vidro atirados ao chão, acrescenta:

Pouco depois, nosso grande cão de fila Masheff correu a se esconder entre o sr. e a sra. Wesley. Enquanto os ruídos continuavam, ele gania e saltava, abocanhando o ar de um lado e outro, e isso, muitas vezes, antes que alguém na peça escutasse qualquer coisa. Mas depois de dois ou três dias, ele tremia e se afastava, rastejando, antes que o ruido começasse. A família já sabia, por esse sinal, o que ia acontecer, e jamais falhou.

78º caso – (Auditivo-coletivo).

Durante os fenômenos do cemitério de Arensburg, na ilha de Oesel, onde os caixões mortuários foram revirados em abóbadas fechadas, fatos devidamente constatados por uma comissão oficial, os cavalos das pessoas que iam visitar o cemitério ficavam muitas vezes tão amedrontados e excitados que ficavam cobertos de suor e espuma. Algumas vezes eles se jogavam no chão e morriam imediatamente, muitos morreram um dia ou dois após. Nesse caso, como em muitos outros, embora a Comissão tenha feito uma investigação séria, não descobriu nenhuma causa natural. – Segundo R. D. Owen, Footfalls on the Boundary of another World, p. 186.

79º caso – (Auditivo-coletivo)

No terrível caso de casa assombrada relatado ao sr. R. D. Owen pela sra. S. C Hall – que foi ela própria testemunha dos fatos principais – vemos que o homem assombrado não tinha podido ficar muito tempo com um cão, não foi possível fazê-lo ficar no quarto, nem de dia nem de noite. O que ele tinha quando a sra. S. C. Hall o conheceu, quando os fenômenos começaram, e logo após, fugiu e se perdeu. Footfalls... p. 326.

A esses três casos históricos, o sr. Wallace acrescenta outros três, de data recente:

80º caso – (Visual-coletivo).

No caso relatado pelo sr. Hodgson na Arena, em setembro de 1889, quando a dama de branco apareceu ao irmão do autor, lemos que:

Na terceira noite, ele viu o cão rastejar e ficar com o olhar fixo, e depois agir como se estivesse sendo perseguido ao redor do quarto. Meu irmão não viu nada, mas ouviu uma espécie de assobio, e o pobre cão uivou, depois tentou esconder-se, e não quis nunca mais entrar nesse quarto.

81° caso – (Auditivo-coletivo)

No relato notável de uma casa assombrada feito por um dignitário bem conhecido da Igreja Anglicana, que morou nessa casa por doze meses, deve-se considerar a conduta bem diferente dos cães diante dos efeitos insólitos reais ou fantasmagóricos. Quando houve uma tentativa de roubo no presbitério, os cães deram alarme de imediato, e o clérigo acordou-se com seus latidos ferozes. Ao contrário, durante os ruídos misteriosos, embora fossem muito mais fortes e alarmantes, eles não latiram jamais. Foram encontrados agachados num canto, num estado de pavor lamentável. Ficaram mais perturbados que todos, e, se não tivessem sido presos em baixo, teriam corrido para a porta de nosso quarto e lá ficariam colados, rastejando e gemendo enquanto os deixassem ficar – Proceedings of the S. P. R., vol. II, p. 151.

82° caso – (Auditivo-coletivo).

Em uma casa assombrada em Hammersmith (Proceedings of the S. P. R., vol. III, páginas 115-116), onde se ouviam ruídos de toda sorte, inclusive o eco de passos e o som de soluços e suspiros, e onde se via portas se abrirem sem nenhuma causa aparente, e onde, por fim, aparecia um fantasma de mulher que foi visto sucessivamente por três pessoas adultas e uma menina de seis anos, o cão da casa percebia os fenômenos.

> Em seguida – escreve a sra. R. – os antigos ruídos recomeçaram em nossa pequena biblioteca. Eram sons de objetos que caiam, de janelas que se moviam com violência, abalos fortes em toda a casa. Por fim, a janela de meu quarto começou a se agitar barulhentamente. O

cão uivava sem parar e o barulho dos golpes e dos chutes aumentava... Sai de meu quarto e me refugiei no de Hélène; fiquei lá o resto da noite. Na manhã seguinte, o cão demonstrava claramente que a vista do quarto assombrado ainda o assustava. Chamei-o para entrar comigo ali, mas ele se agachou, com a cauda entre as pernas. Via-se que tinha medo de entrar ali... Eu estava sozinha em casa com Hélène e a criada.

83º caso – (Auditivo-telecinésico-coletivo).

A respeito de uma casa assombrada em Versailles, nos Annales des Sciences Psychiques, 1895, p. 85, o sr. H. de W. assim diz numa carta ao dr. Dariex:

> Após cerca de dez minutos, quando a criada nos contava seus dissabores, uma velha poltrona de rodinhas, que estava num canto esquerdo, começou a se mover, e descrevendo uma linha quebrada, veio passar entre o sr. Sherwood e eu, depois girou sobre si mesma, a cerca de um metro atrás de nós, bateu duas ou três vezes no assoalho com os pés de trás e voltou em linha reta para seu canto. Isso se passava em pleno dia, e pudemos constatar que não existia nem fraude nem truque de espécie alguma. A mesma poltrona repetiu o movimento por três vezes, tomando cuidado, coisa estranha, de não machucar ninguém. Ao mesmo tempo, se ouvia golpes estranhos no outro canto da peça, como se pedreiros estivessem trabalhando na peça vizinha, que estava inteiramente aberta e totalmente vazia. O amigo que nos tinha levado arremessou seu cão ao canto da sala. O animal voltou uivando, obviamente presa de um profundo terror. Ele não quis mais se mexer de jeito nenhum. Seu dono teve que carregá-lo nos braços enquanto ficamos na casa.

84º caso – (Auditivo-coletivo).

Nos documentos publicados pelo dr. J. Morice a respeito do caso fantasmagórico do castelo de T., na Normandia, um dos casos mais interessantes e extraordinários que se conhece, os Annales des Sciences Psychiques, 1892-1893, páginas 211-223 e 65-80, relatam o que segue:

> Ele comprou (o sr. de X, primeiro proprietário do castelo) dois temíveis cães de guarda que eram soltos todas as noites. Um dia, os animais se puseram a uivar na direção de um maciço de plantas do jardim, com tal persistência que o sr. de X pensou que malfeitores tinham se escondido aí. Ele se armou, e aos criados, cercaram o maciço e atiçaram os cães. Eles se jogaram para ali furiosamente, mas assim que entraram, seus uivos se transformaram em latidos lamentosos, como o de cães que estão sendo castigados. Fugiram, com a cauda abaixada, e não conseguiram fazê-los entrar mais. Os homens entraram então no maciço, procuraram por todos os lados, e não encontraram absolutamente nada. (pp. 82-83)

85º caso – (Visual-coletivo, com anterioridade do animal para as pessoas).

No relato muito bem documentado que a sra. R. C. Morton forneceu à Society for Psychical Research, sobre uma casa assombrada onde ela morava e na qual aparecia, entre outras coisas, o fantasma de uma mulher de preto, ela fala assim do comportamento de seu cãozinho terrier:

> Lembro de o ter visto, por duas vezes, correr para o final da escada do vestíbulo, agitando alegremente a cauda, e erguendo as costas, como os cães têm o hábito de fazer quando ficam esperando carinhos. Ele corria para ali com ímpeto e uma expressão de alegria, exatamente como se houvesse uma pessoa nesse lugar. Mas em seguida o víamos fugir a toda pressa, com a cauda entre as pernas, e ir se esconder, tremendo, em baixo do sofá. Nossa firme impressão era de que ele tinha visto o fantasma. Sua forma de agir era característica. Era mais do que pode parecer numa simples descrição.

Pelos dois primeiros casos históricos aqui relatados, assim como no 80° caso, pede-se ver que os animais percebem manifestações metapsíquicas que escapam às pessoas presentes. Uma prerrogativa animal de que já tivemos um exemplo no 53° caso e da qual falamos nos comentários ao caso 54. Mais adiante, relataremos um outro fato notável acontecido com a sra. D'Esperance (94° caso). Nos comentários ao 56° caso, onde se tratava, como podemos lembrar, de manifestações experimentais com início de materialização de fantasma, mesmo que as pessoas presentes não o enxergassem, o fato poderia se explicar supondo que os olhos de certos animais são sensíveis aos raios ultravioletas – como a chapa fotográfica – e que em consequência eles poderiam discernir com os olhos materiais o que era invisível aos olhos humanos. Contudo, essa hipótese – adequada para as circunstâncias para as quais a levantamos – não parece ser aplicável aos casos que ora examinamos, nos quais se trata de fenômenos não objetivos, mas subjetivos. Nesse caso, é preciso concluir que os animais se mostraram efetivamente mais capazes que as pessoas, em termos de sensitividade subliminar, às manifestações supranormais. Casos em que os animais se mostrem refratários à produção de fenômenos psíquicos percebidos pelas pessoas são de fato raros, enquanto as pessoas refratárias a essas mesmas manifestações constituem a grande maioria. É difícil saber a causa dessa suscetibilidade animal superior quanto às percepções da ação subconsciente ou espiritual, mas como essa prerrogativa parece existir em condições análogas nos povos silvícolas, entre os quais as faculdades telepáticas e telestésicas são muito frequentes, deve-se deduzir daí que a causa consiste, ou em sua mentalidade ainda virgem das prevenções habituais de um meio hostil ao exercício das faculdades subconscientes, ou então no fato de que sua atividade psíquica não se encontra continuamente absorvida e distraída pelos cuidados e preocupações da existência civilizada. A justeza dessas observações se mostra pelo fato bem conhecido de que, nos sensitivos clarividentes, basta uma contrariedade passageira, ou uma ligeira ansiedade ou preocupação, para neutralizar completamente suas faculdades supranormais.

86° caso (Visual-coletivo).

Extraio-o do Journal of the S.P.R., vol. XIV, p. 378.

O reverendo H. Northcote envia um relatório sobre um caso de assombração estudado por ele próprio e que se produziu na casa de uma família de amigos seus. Tratava-se do fantasma de um homem que aparecia constantemente no mesmo quarto, à mesma hora da noite, e que foi visto independentemente por várias pessoas, que não sabiam o que as outras tinham visto. Um dia, a família Clemsford, que morava nessa casa, hospedou a srta. Denton, que foi instalada no quarto assombrado. A srta. Denton narra:

> Na noite de minha chegada, fui deitar muito tarde e dormi muito mal. Não dei importância ao fato, atribuindo-o à fadiga excessiva e à mudança de cama. Mas na segunda noite me aconteceu a mesma coisa, e pelas três horas, fiquei surpresa ao ver uma massa opaca, ligeiramente luminosa, aos pés da cama. Pensei de início que se tratasse de um reflexo da luz vindo da janela. Mas essa massa tomou gradualmente uma forma e acabou por se transformar em um homem bem alto, que ficou parado durante certo tempo – que me pareceu muito longo, mas poderiam ser alguns segundos apenas – e depois atravessou o quarto e desapareceu num armário embutido. Na terceira noite, enxerguei a mesma coisa, e dessa vez, com grande medo; por isso, no dia seguinte pedi a meus amigos que deixassem seu cão dormir em meu quarto, porque tinha ouvido ratos. Meu pedido foi atendido; assim, na quarta noite, fui deitar-me segura e tranquila. O cão se acomodou na caminha que eu lhe tinha preparado numa poltrona, e eu não demorei a adormecer profundamente.
>
> Pelas duas horas, fui acordada pelos gemidos do cão. Vi que ele tinha se levantado e andava em torno do quarto, continuando a se lamentar. Ao mesmo tempo, enxerguei aos pés da cama o fantasma de meu visitante noturno. Tomada novamente por um grande medo, comecei a gritar-lhe: "Vai embora! Vai embora!"
>
> Noutra noite, após cerca de 18 dias em que estava na casa dos Clemsford, o fantasma me apareceu como se fosse de fogo, como uma imagem iluminada por transparência, em que os traços do rosto e as linhas do corpo eram ressaltadas por uma claridade sinistra. Meu terror foi tão grande que me decidi por fim a falar, sem querer mais absolutamente ficar naquele quarto. Levei a conversa para esse lado, no almoço, perguntando se alguém da casa já tinha visto um fantasma no quarto onde eu estava; e descrevi a figura que tinha visto. Minha surpresa foi grande ao ouvir que minha descrição correspondia exatamente ao

> fantasma visto naquele quarto e à mesma hora pelo casal Clemsford. Naturalmente, não dormi mais nesse quarto.

Neste exemplo, a agitação e o medo do cão podem parecer pouco conclusivos para nossa análise, especialmente se comparados às atitudes animais imensamente mais intensas de outros casos do mesmo tipo. Entretanto, neste caso, existe o fato importante de que o animal foi tomado de susto de repente, às duas horas da madrugada, a hora em que ocorria sempre a manifestação da assombração no local. Se considerarmos esse fato, não se pode logicamente evitar a conclusão de que o cão havia mesmo enxergado o fantasma que apareceu naquele momento no quarto. O fato de que ele apareceu à revelia da srta. Denton, que estava adormecida, aumenta o valor comprobatório da manifestação, de que o animal foi o primeiro receptor.

87° caso – (Visual-coletivo).

Este caso apareceu no American Journal of S.P.R., 1910, p. 45. Faz parte de uma pequena lista de fatos examinados por um ministro da Igreja Episcopal. O professor Hyslop declara que não se pode publicar os nomes dos receptores, que são em grande parte pessoas bem conhecidas e que fazem questão de não ser nomeadas. O pastor, autor do relato, narra o seguinte fato:

> A casa de campo do dr. G., residente em Nova Iorque, à Quinta Avenida, rua 43, se localiza em Fishkai, no rio Hudson. No dia 20 de outubro, a srta. F. G., sua filha, tinha estado em Nova Iorque, de onde voltou numa hora tardia da noite. O cocheiro tinha ido buscá-la na estação da estrada de ferro, com uma carruagem e um ótimo cavalo. A noite era muito escura e o veículo não possuía lanternas. A estrada era fácil, e o cavalo a percorria tranquilamente. Colinas cheias de árvores aumentavam a obscuridade quando, em certo momento, o cavalo começou a escoicear violentamente, enquanto o cocheiro não sabia a que santo se apegar. A srta. F. G. olhou e viu uma comprida coluna esbranquiçada, parecida com cerração e que, depois de se erguer no meio do caminho, diante do cavalo, passou ao lado deste, tocou o cotovelo da jovem e desapa-

receu às suas costas. No momento em que a aparição lhe tocou o cotovelo, ela teve uma sensação de frio e teve um arrepio. Sua mentalidade, porém, era por demais positiva para admitir uma explicação supranormal do acontecido. Dirigindo-se ao cocheiro, disse: "Presta atenção, Michel, devemos ter passado em cima de alguma coisa. Desce e vê o que aconteceu". Mas o cocheiro discordou e mostrou-se inquieto, declarando que não se tratava em absoluto de um fato material, mas de um fantasma. E acrescentou: "A senhora e eu podemos ter nos enganado, mas não se pode dizer isso do cavalo. O pobre animal está suando e tremendo". Por fim ele se decidiu a descer e olhar, mas não encontrou nada na estrada. Depois disso, continuaram no caminho. A srta. F.G. ordenou ao cocheiro que não falasse a ninguém do que tinha acontecido, por receio de assustar os criados.

Alguns dias depois, ela contou o fato a um senhor que veio visitá-la, e que morava havia muito tempo em Fishkill. O mesmo escutou com muito interesse, e depois disse: A senhorita viu o fantasma de Verplanck. E deu a seguinte explicação:

> À época da geração anterior, a srta. Verplanck, herdeira da grande família dinamarquesa que morava aqui, apaixonou-se por um jovem advogado de Nova Iorque, mas sua família querida que ela se casasse com um primo, chamado Samuel Verplanck. Na noite de 20 de outubro, o jovem advogado devia ir ao encontro dela, mas uma violenta tempestade se desencadeou e ele não apareceu. Na manhã seguinte, a srta. Verplanck declarou: "Ele foi assassinado nesta noite". Alguns minutos após, receberam a notícia de que tinham descoberto o cadáver dele, com um punhal no coração. Ao mesmo tempo, Samuel Verplanck tinha desaparecido. Não foi mais visto em parte alguma. Algum tempo depois, começaram a dizer que, na noite de 20 de outubro, Samuel Verplanck aparecia no local do crime. O que aconteceu com a srta. F. G na noite de 20 de outubro seria a confirmação dessa tradição.

Neste caso também o animal teria sido o primeiro receptor. Fato que demonstra sempre mais que admiráveis sensitivos são os animais superiores.

O caso é notável por si mesmo, sem apresentar nada de especial, pois se conhece centenas de fatos semelhantes, relativos a tradições de crimes cometidos no local das assombrações – como já registrei na obra que dediquei a essas ocorrências.

88º caso – (Visual-auditivo-coletivo).

O professor Andrew Lang, o conhecido sociólogo, relata o fato a seguir, que aconteceu numa família de amigos seus. Copio da Light, 1912, p.111, o texto a seguir:

> Em um dos bairros de Londres existe um solar grande, muito antigo, feito inteiramente de tijolos e cercado por um jardim, que eu conheço bem. Quando meus amigos, o casal Rotherhams, foram morar ali, o local era assombrado. Entre outras coisas, quando a sra Rotherhams se aproximava de uma porta, ela se abria sozinha diante dela. Algumas vezes ela sentia mãos invisíveis lhe puxando os cabelos. Ruídos noturnos, estranhos e inexplicáveis, como de louça se entrechocando e móveis arrastados, perturbavam continuamente o sono dos habitantes da casa.
>
> Certa noite em que o sr. Rotherhams estava ausente, sua mulher foi deitar-se com sua filhinha no quarto acima da sala de jantar. Antes disso, tinha fechado na sala de jantar seu cão, um collie. Ela percebeu que quando começaram a ouvir ruídos de móveis arrastados e louça se entrechocando, o cão começou a uivar lamentosamente. A senhora não teve coragem de descer ao andar inferior para soltá-lo. Quando, na manhã seguinte, ela abriu a porta da sala assombrada, o cão veio a seu encontro com a cauda entre as pernas. Ela verificou que os móveis, as cadeiras e a louça estavam perfeitamente em seus lugares.
>
> Um dia, a mesma senhora estava ensinando uma lição a sua filhinha na sala de jantar, e estava sentada diante da porta. Em certo momento, tendo tocado a campainha para chamar a criada, ela viu uma porta se abrir e entrar uma mulher vestida estranhamente com um vestido branco acinzentado, com o rosto da mesma cor.
>
> Em outra noite, enquanto o sr. Rotherhams estava fumando na sala, viu o cão se erguer de um salto, com o pelo eriçado nas costas, com um rosnar surdo, virado para a porta. Olhando nessa direção, ele viu a porta se entreabrir

> e entrar uma mulher de azul. Ergueu-se de imediato para ir até ela, mas não viu mais nada.
>
> Se esse fantasma tinha um objetivo, deveria ser o de obrigar os novos ocupantes da casa a se mudarem; mas eles continuaram intrepidamente ali e as manifestações foram enfraquecendo pouco a pouco até cessar totalmente. Os membros da família são pessoas saudáveis e fortes; são dos meus mais íntimos amigos.
>
> Assinado: Prof. Andrew Lang

No caso acima, encontramos dois fatos relativos a percepções animais: no primeiro, de natureza puramente auditiva, o cão fechado na sala assombrada demonstra, por uivos lamentosos, que escuta as manifestações ruidosas que os outros ouvem fora da sala. No segundo o animal é o primeiro a enxergar o fantasma da "Dama azul". Não resta portanto nenhuma dúvida sobre a participação do animal nas manifestações da assombração a que foram sujeitos seus donos.

89º caso – (Auditivo-coletivo)

Na conhecida obra do dr. Edward Binns Anatomy of Sleep (Anatomia do Sono), página 479, encontra-se o seguinte fato, noticiado ao autor por Lord Stenhope, que era amigo íntimo da protagonista do acontecimento, a sra. G. de Steigner. Relata ele:

> Quando eu era jovem, e oficial do exército dinamarquês, ocupava havia algum tempo um alojamento, sem que notasse nada de especial. Meu quarto ficava entre duas outras peças, uma que me servia de sala, e a outra de quarto de dormir de meu ordenança. As três peças se comunicavam entre si.
>
> Numa noite em que estava deitado, sem dormir, ouvi um ruído de passos que iam e vinham pelo quarto e que pareciam de um homem de pantufas. Esse ruído inexplicável se prolongou por muito tempo.
>
> Pela manhã, perguntei a meu ordenança se ele havia escutado alguma coisa, durante a noite. Respondeu: "Nada, a não ser que bem tarde da noite o senhor estava caminhando em seu quarto". Garanti a ele que não havia saído da cama. Como ele ficou incrédulo, disse-lhe que se

> o ruido de passos se repetisse, eu o chamaria.
>
> Na noite seguinte, eu o chamei com o pretexto de pedir uma vela, e perguntei se não estava vendo nada. Respondeu que não, acrescentando porém que estava escutando um barulho de passos, como se alguém se aproximasse dele e depois se afastasse na direção oposta. Eu tinha no quarto três animais: um cão, uma gatinha e um canário, e todos reagiam de forma peculiar quando o rumor de passos começava. O cão saltava de imediato na cama e se agachava perto de mim, tremendo; a gata acompanhava com os olhos o rumor dos passos, como se enxergasse, ou se esforçasse para enxergar quem o produzia. O canário, que dormia no poleiro, acordava de imediato e começava a volitar na gaiola, em grande agitação. Em outras ocasiões, se escutava sons musicais na sala, como se alguém tocasse de leve as teclas do piano, ou então se ouvia um ruído característico, como se alguém girasse a chave da escrivaninha na fechadura e abrisse a mesma. No entanto, tudo continuava no seu lugar. Comentei sobre esses ruídos inexplicáveis com meus camaradas do regimento, e foram dormir sucessivamente no sofá de minha sala e escutaram, um após outro, os ruídos que eu tinha ouvido.

A seguir, o sr. de Steigner relata que mandou tirar o parquê e os lambris da sala, sem achar nenhum rastro de ratos. Algum tempo depois, ele ficou doente, e como a moléstia começou a piorar, o doutor lhe aconselhou a trocar de imediato de alojamento, sem dar maiores explicações. O sr. de Steigner mudou-se. Quando estava convalescendo, insistiu com o doutor para saber o motivo de o ter aconselhado a se mudar. O médico por fim lhe disse que:

O alojamento onde estava tinha uma péssima reputação; um homem tinha se enforcado no quarto que ele tinha ocupado e um outro tinha sido morto ali.

Os leitores terão notado que, nos casos relatados até aqui, os animais receptores sempre foram ou cães, ou gatos, ou cavalos. O caso precedente, onde existe um canário, mostra que o reino dos pássaros também é suscetível de perceber manifestações supranormais e assustar-se com elas.

Quanto ao comportamento do canário diante das manifestações auditivas no quarto assombrado, não me parece possível duvidar de seu valor denotativo; isto é, que o canário percebia bem, como os outros animais, o que se passava. De fato, o ruído de um passo leve, tal como o de um homem de pantufas, não é de molde a assustar um canário, habituado a viver entre pessoas. Segue-se que, se o passarinho se assustava, é que percebia realmente a assombração e tinha a intuição instintiva de seu caráter supranormal.

Segundo subgrupo

Aparição de animais em lugares assombrados

Certamente não é fácil determinar o que representam as aparições de fantasmas animais em casos de assombração. Às vezes, coincide que animais parecidos com os que aparecem tinham vivido naquele lugar. Nesses casos, os fantasmas animais poderiam ser explicados, seja pela hipótese da sobrevivência da "psique" animal, seja imaginando-se uma projeção telepática do pensamento de um morto, ainda mais que, com frequência, os animais se manifestam junto com fantasmas de falecidos. Pode-se ainda levantar a hipótese de uma revivescência psicométrica de acontecimentos ali acontecidos antes. Mas muitas vezes, não apenas não se verifica nenhuma coincidência que permita explicar a aparição animal por uma dessas alternativas, como também se pode excluir totalmente a possibilidade de que os fantasmas animais que aparecem num local assombrado tenham algo a ver com outras animais que tenham vivido ali. Nesses casos, a explicação popular dos fatos é que essas aparições animais são espíritos de mortos que, tendo se tornado culpados de faltas graves, assumem depois da morte formas animais que correspondem à natureza de suas faltas. Em meu livro Os fenômenos de assombração, terceiro capítulo, citei um caso de aparição de um fantasma de porco. A pessoa que relata o caso diz que, perguntando aos camponeses sobre isso, estes lhe disseram que:

> O autor do fato era Tommy King, um farmacêutico que tinha vivido cem anos antes, que tinha se enforcado numa

> casa nas proximidades. Desde então o espírito do infeliz errava por aqueles lugares aparecendo sob a forma de um animal.

A respeito disso, escrevi:

> Essa é a explicação popular sobre as aparições de animais em locais assombrados. Embora seja puramente tradicional e gratuita, não é fácil substitui-la por outra menos gratuita e mais científica. Limitar-me-ei, pois, a observar que, no livro do dr. Kerner A Vidente de Prevorst lemos que a vidente, em suas fases de sonambulismo, explicava da mesma forma as aparições de animais. Assim, no capítulo VI (4° caso, p. 177), a respeito de um "espírito inferior" que lhe aparecia, o dr. Kerner escreve: "Em meu quarto, a aparição se repetiu com o aspecto de um urso. Adormecida, ela diz: "Agora vejo como sua alma deve ser escura, porque retorna sob essas formas tão assustadoras: mas eu preciso vê-lo de novo..." No 5° caso, p. 190, a vidente em sonambulismo se dirige a um espírito perguntando-lhe se ele poderia se manifestar sob uma forma diferente daquela que tivera em vida. O espírito responde: "Se eu tivesse vivido como um animal, deveria aparecer-lhe como tal. Mas nós não podemos assumir as formas que quisermos, e temos que aparecer-lhe tal como éramos em vida". E no capítulo IV, p. 120: "O libertino pode aparecer sob a forma de um animal com o qual se pareça por sua forma de viver..."

Por outro lado, observo que, entre os casos de assombrações animais que recolhi, há dois que indicam uma explicação diferente – que, aliás, não excluiria a outra. Foram publicados no Journal of the S.P.R., vol. XIII. p**áginas** 58-62, e vol. XV, p**áginas** 249-252. Trata-se das aparições de um cão e de uma gatinha, com o fato marcante de que, no local onde eles apareciam, tinham morrido um cão e uma gatinha idênticos aos que se manifestavam. Quanto à gatinha, a identificação se fazia ainda melhor pelo fato de que o fantasma era manco, como era a gata que, quando viva, tinha sido ferida e aleijada por um cão. Estaríamos aqui, pois, diante de um caso de identificação autêntica, de forma que é legítimo deduzir daí que, se chegarmos a reunir um número suficiente de exemplos dessa espécie, eles conduziriam à comprovação da sobrevivência da alma animal, possibilidade que certamente não deveria surpreender.

Devo acrescentar ao que escrevi na obra acima indicada que cheguei, com efeito, a reunir um certo número de fatos análogos aos supracitados; serão incluídos na categoria VIII. Contribuem para tornar provável que se chegue um dia a demonstrar cientificamente a sobrevivência da psique animal. Isso não exclui, porém, de forma alguma, que as outras hipóteses acima indicadas possam ser legítimas e que devam, de acordo com as circunstâncias, ser levadas em consideração para explicar certas espécies de fantasmas animais. Mais que isso, tudo leva a crer que as hipóteses acima expostas expliquem alguns dos casos pertencentes a esta categoria.

90º caso – (Visual-coletivo).

Hereward Carrington, um dos metapsíquicos mais distintos dos Estados Unidos e autor de obras conhecidas por todos os que se dedicam a nossas pesquisas, relata no American Journal of the S. P.R., 1908, p. 188, o seguinte fato, que ele próprio submeteu a investigação:

> O caso muito interessante que vou descrever pertence a minha experiência pessoal. Aconteceu no verão passado e é, na minha opinião, bastante sugestivo, senão conclusivo...
>
> Quando me encontrava em Lily Dale, fiz amizade com três pessoas que foram protagonistas do caso em questão, e que se interessavam, como eu, pelas pesquisas metapsíquicas. Ouvi o caso das três pessoas mesmo, no hall do hotel em que se hospedavam, algum minutos depois do fato acontecido. Eis o que ocorreu:
>
> As três pessoas em causa – duas senhoras e um homem – passeavam por um caminho próximo da cidade, conversando sobre assuntos diversos, quando uma das senhoras, que possui algumas faculdades de clarividência, enxergou um pequeno cão que corria pelo caminho, à frente dela. O sol estava baixando, mas ainda era dia claro. Entretanto, os outros não viam nada, porque na realidade o cão não existia. O terreno era aberto, despido

e plano. Portanto, não havia obstáculos naturais à visão. A senhora afirmava que o cãozinho corria à frente dela, a uma dezena de jardas de distância, mantendo-se no meio da estrada, sempre a vista. Dizia que ele parecia do tamanho de um fox-terrier, tinha o pelo amarelo, o focinho alongado, a cauda pequena e crespa. Enquanto as três pessoas conversavam entre si sobre o estranho caso, um gato saiu calmamente de uma casa situada a pouca distância delas e se dirigiu à estrada para atravessá-la. Assim que chegou ali, arqueou o dorso, bufando e arranhando o ar, até o lugar onde estava o fantasma do cão, como se ali houvesse um cão em carne e osso, que tivesse aparecido de repente ao gato. Insisto no fato de que este tinha chegado até a estrada com um aspecto absolutamente tranquilo e indiferente, e de súbito assumiu esse aspecto de luta. Logo em seguida, o gato se virou num salto e entrou novamente, correndo, na casa de onde saíra. Durante essa cena, a senhora vidente tinha continuado a enxergar o cão. Depois ela desviou o olhar por um instante para acompanhar a fuga do gato; quando o voltou de novo para o cão, ele tinha desaparecido. Ela afirmou que o cão não tinha prestado nenhuma atenção ao gato, mesmo quando este parecia querer arranhá-lo. Tinha continuado calmamente o seu caminho. Era evidente que, se o gato agira daquela forma, foi porque lhe pareceu enxergar à sua frente um cão de verdade, aparecido de repente. E no entanto, esse cão não existia! Esses são os fatos, cuja autenticidade garanto. Deixo aos leitores a explicação de acordo com suas preferências.

No relato não é dito se o local tinha a reputação de assombrado e se um cão parecido tinha vivido nas redondezas. Portanto, não se pode chegar a uma solução teórica qualquer sobre a origem dos fatos. Mas não deixa de existir o fato por si mesmo, claro e indubitável, da aparição do fantasma de um cão, visto conjuntamente por uma senhora e por um gato.

91 caso – (Visual-coletivo).

Este caso foi publicado pela Light, 1915, p. 215. É semelhante ao anterior. O reverendo Charles L. Tweedale escreve:

Pela 10:30 horas da noite, minha mulher subiu para seu

> quarto, e enquanto arrumava os travesseiros, deu uma olhada em direção ao pé da cama. Enxergou ali um grande cão preto, parado, que ele pôde ver com todos os detalhes. Quase no mesmo instante, nosso gato, que tinha seguido a dona pela escada, entrou no quarto e, vendo o cão, deu um salto, arqueando as costas, eriçando a cauda, bufando e arranhando o ar. Salto em seguida sobre o toucador, a um canto do quarto, e escondeu-se atrás do espelho do móvel. Pouco depois, o fantasma do cão despareceu. Minha mulher, querendo confirmar se o gato, por sua vez, não seria um fantasma, aproximou-se do toucador e olhou atrás do espelho. Viu ali nosso gato de verdade, num estado de agitação frenética e ainda com o pelo eriçado. Quando ela quis retirá-lo do esconderijo, o felino bufou e arranhou-a, ainda presa do medo que lhe causara o cão.

Neste caso também, como no anterior, não se encontra nenhuma informação que possa orientar na busca das causas, o que não o impede de ser, também, marcante e sugestivo. De fato, nos dois casos se observa a combinação de dois tipos de manifestação supranormal das que tratamos, ou seja: uma em que os animais enxergam juntamente com as pessoas as manifestações de fantasmas, e outra, em que as manifestações são constituídas por fantasmas de animais enxergados conjuntamente por pessoas e animais.

92º caso – (Visual, com impressões coletivas).

A sra. J. Toye Warner Staples envia à Light, 1921, p 553, esse relato que diz respeito a um caso pessoal seu:

> Receio que minha contribuição para a pesquisa sobre a sobrevivência da psique animal não seja de molde a preencher os requisitos exigidos pela Society for P.R. Não obstante, o fato que vou relatar é escrupulosamente autêntico e digo de crédito, qualquer que seja sua explicação.
>
> Minha infância transcorreu na região ocidental da Irlanda e da idade de quatro até seis anos, morei numa casa muito antiga e grande às margens do rio Shannon. Minha família, que era inglesa, não dava atenção às histórias das pessoas da região que diziam que nossa casa era assombrada. E foi lá que tive a primeira experiência

do que se pode chamar de fantasma de um animal. Em tardes de verão, em plena luz do dia, às vezes por dias consecutivos, em outras com o intervalo de alguns meses, fui aterrorizada pelo aparecimento nítido e natural de um pequeno cão branco, da raça pomerana, que aparecia aos pés de minha cama. E me olhava com a boca aberta e a língua de fora, como ofegante, e agia como se me visse, com um jeito como se quisesse saltar em minha cama. Eu me assustava terrivelmente, tendo a intuição de que não se tratava de modo algum de um cão de carne e osso – pois nesse caso, eu o teria acolhido com grande prazer, porque sempre gostei muito dos animais de todo tipo. Às vezes, quando ele aparecia perto da janela, eu enxergava os móveis do quarto através de seu corpo branco, e começava a gritar, chamando minha mãe e dizendo: "Leve-o! Mande-o embora!". Assim que mamãe entrava no quarto, ele a seguia. Quando ela saía, ele saía junto. Então me pegavam e levavam para baixo, e com muitos carinhos me faziam esquecer o medo que tinha sentido.

O mais curioso é que, embora eu fosse a única a enxergar o fantasma canino, outras quatro pessoas o sentiam.

Em pleno dia, nas manhãs de verão, dois membros de minha família – duas mulheres – e uma senhora e um homem que tinham morado na casa antes de nós, muitas vezes sentiam alguma coisa, um corpo sólido, das dimensões e do peso de um cão pequeno, que parecia saltar sobre suas camas, a partir dos pés, passando depois lentamente sobre seus corpos e chegando até as costas, descendo pelo outro lado. Nesses momentos, eles se sentiam como paralisados e não conseguiam se mover; logo após, saiam da cama e examinavam cuidadosamente o quarto, sem encontrar nada...

Por razões fáceis de compreender, deixo de publicar o endereço da casa, mas o informarei ao professor Horace Leaf, se este relato vier a interessá-lo.

É muito difícil formular uma teoria capaz de explicar de forma satisfatória os fatos do tipo que acabamos de relatar. Talvez seja melhor não os analisar. Se tentarmos nos guiar de alguma forma, procedendo por eliminação, deveríamos dizer que, no caso em questão, não poderia se tratar de percepção psicométrica de acontecimentos passados, pois o fato do cão que olhava para a receptora, querendo saltar em sua cama, que acompanhava as pessoas que entravam e saia com elas, assim como as impressões táteis sentidas nos corpos, indicam uma ação que ocorre no presente e não uma reprodução automática de ações do passado, como seria se fosse o caso de percepções psicométricas.

Pelo mesmo motivo se deve excluir a hipótese de uma projeção telepática por parte de um morto, pois uma projeção desse tipo provocaria a percepção alucinatória de um fantasma animal plasticamente inerte ou que se deslocaria automaticamente, mas jamais de um fantasma animal consciente do local onde se encontrava.

Por fim, a hipótese alucinatória, entendida no sentido patológico do termo, não se sustenta, dado que outras quatro pessoas tinham por diversas vezes sentido as impressões táteis correspondentes às percepções visuais da criança. Isso mostra bem que a origem dos fatos devia ter um agente único, que devia ser forçosamente inteligente e alheio aos receptores.

Só restam para o pesquisador duas hipóteses: primeiro, aquela, tradicional ou popular, de que os fantasmas de animais que aparecem nos lugares assombrados são a imagem simbólica de espíritos humanos de tipo inferior e depravado; e aquela segundo a qual admitimos que a psique animal sobrevive à morte do corpo, e consegue às vezes se manifestar aos vivos.

Após fazer estas observações para cumprir minha tarefa de relatar, abstenho-me de qualquer conclusão, pois a ausência de dados suficientes não o permite. Limito-me a observar que as duas hipóteses que citei podem ambas explicar os fatos pela intervenção de entidades espirituais desencarnadas; na primeira, seriam entidades humanas; na segunda, entidades animais.

93º caso – (Visual, com impressões coletivas).

Extraio este caso do Journal of the S.P.R., vol. XIII, páginas 52-64. Faz parte de um longo relato sobre uma casa assombrada na qual apareciam os fantasmas de uma mulher vestida de preto, de um homem enforcado num galho de árvore, e de um cãozinho, visto muitas vezes por diversos receptores. No relato, encontram-se quatorze aparições do cãozinho, mas me limitarei aqui a narrar a primeira.

Eis o que relata a sra. Fletcher, que morava na casa assombrada:

> O cãozinho branco fez sua primeira aparição no mês de janeiro de 1900. Numa tarde, meu marido saiu da biblioteca, onde estava, e me disse: "Vi um cão branco na biblioteca". Respondi sorrindo: "Nada mais natural, nossos dois cães só fazem ir de uma peça a outra". Mas meu marido, sério, disse: "Não estou falando de teus cães. Enquanto eu estava escrevendo, vi um cachorrinho branco andar ao redor da mesa e ir na direção da porta, que estava fechada. Achando que fosse a Nipper, levantei para lhe abrir a porta, mas o cão tinha desaparecido". Depois desse primeiro incidente, as aparições do pequeno cão branco se tornavam frequentes a nossos hóspedes, a srta. Plumtre, cujo relato aqui vai incluso, e seu irmão.

Devo chamar a atenção dos leitores para o fato de que, quando o cão tocava os receptores em alguma parte do corpo, eles experimentavam em seguida uma sensação de queimadura no ponto onde tinha ocorrido a pressão alucinatório-verídica do corpo do cão fantasma. A sra. Fletcher escreve, a respeito:

> No local de minha perna, acima do joelho, que o cão havia tocado ao passar, tive, durante algumas horas, uma sensação de coceira intensa, com a de uma ligeira queimadura. Minha filha Eglantine não estava presente quando falei a respeito. Mas um pouco depois ela disse espontaneamente: "Mamãe, no lugar em que o cão tocou o nariz em minha perna, tenho como uma sensação de queimadura".

Um pouco adiante, a sra. Fletcher observa:

> Não consigo lembrar de nenhum outro fato do passado que tenha relação com o aparecimento do cãozinho branco, a não ser que, há treze anos, eu possuía um terrier de pelo branco áspero, que era meu preferido, e era totalmente parecido com esse que se manifesta.

Esta última observação da sra. Fletcher daria a entender que, neste caso, se trataria já de um primeiro exemplo de identificação de um fantasma animal. Mas essa observação é vaga demais para ser levada em consideração. Apenas relacionando-a com casos análogos que irei citar na categoria VIII ela pode adquirir indiretamente um certo valor comprobatório. De qualquer forma, não saberíamos como relacionar a aparição verídica de um cão morto havia vários anos com as aparições de fantasmas de um homem e uma mulher. A menos que se queira inferir desse fato que as condições de saturação fluídica de um local assombrado tenham tornado possível que o cão se manifestasse.

94º caso – (Visual-coletivo, com precedência dos animais sobre as pessoas).

Retiro-o de um artigo já citado da sra. E. d'Esperance, artigo que foi publicado no número de outubro 1904 da Light. Levando em conta que o fato é relatado por uma senhora considerada, mundialmente conhecida na área dos estudos psíquicos, e que foi ela própria a protagonista do acontecido, com o que se torna ela própria a garantia do que conta, parece-me que esse relato merece uma séria consideração.

Eis as passagens que nos interessam mais diretamente:

> O local onde se produziram os fatos não é distante de minha casa, e fui eu mesma testemunha ocular deles. Após a publicação do caso, tive ocasião de assistir a um fato semelhante. Eis a história, resumidamente:
>
> Em 1896, mudei-me em definitivo para minha residência atual. Conhecia bem o local, que já tinha visitado várias vezes. Sabia mesmo que tinha a reputação de ser um lugar assombrado. Entretanto, não sabia muita coisa a respeito, sobretudo porque não conhecia quase ninguém nas redondezas; e também porque não falavam minha língua e eu não sabia a do país. Com isso, é fácil entender que as comunicações entre nós deviam ser necessariamente limitadas, pelo menos durante algum tempo. Portanto, o que vi ou acreditei ver não pode ser atribuído ao efeito de boatos que eu tenha podido ouvir.
>
> Em meus passeios diários, eu tinha o hábito de ir até um

pequeno bosque de que gostava muito, por causa da sombra fresca que havia no verão e porque ficava ao abrigo do vento no inverno. Uma estrada de livre acesso o atravessava num lado. Ora, eu tinha notado que os cavalos ficavam amedrontados nesse lugar. Isso sempre me intrigava, não sabendo a que atribuir o fato. Em outras ocasiões, quando chegava ao lugar com meus dois cães, estes se recusavam terminantemente a entrar no bosque; eles me deixavam e se encaminhavam para o caminho de casa, tomados de uma espécie de pânico. Como isso se repetiu muitas vezes, resolvi falar a respeito com uma amiga que era a proprietária do local. Fiquei sabendo então que casos parecidos tinham ocorrido com frequência naquele local desde época recuada; não constantemente, mas a intervalos, com cavalos ou cães indistintamente. Ela me contou também que essa parte da estrada que atravessava o bosque era considerada pelos camponeses dali como um lugar assombrado, depois de um crime terrível que teria sido cometido ali no começo do século passado.

Um cortejo de casamento tinha sido atacado por um enamorado que a esposa recusara. Esta foi morta junto com o noivo e o pai. O culpado fugiu, mas foi alcançado a dois ou três campos mais adiante pelo irmão da noiva, que o matou. Essa história, bem conhecida, é autêntica. Perto do pequeno bosque, não no lugar em que os cavalos ficam com medo, se encontram três cruzes de pedra que marcam o local onde os três assassinatos foram cometidos. Uma outra cruz, colocada dois campos mais distante, marca o lugar onde o culpado morreu. Isso se passou há um século, mas a presença das cruzes serviu para manter, na região, a lembrança da tragédia, o que entretanto não explicaria a atitude dos cavalos e dos cães.

Num dia de outono de 1896, eu saí com uma amiga para um passeio... Chegamos ao pequeno bosque no qual penetramos pelo lado oeste, prosseguindo calmamente no caminho... Fui a primeira a me voltar e enxerguei um veado de uma cor vermelho escura. Surpresa com o aparecimento inesperado do animal a meu lado, soltei uma exclamação de espanto e o animal se escondeu de imediato no bosque, no outro lado do caminho. No momento em que ele entrava no matagal, uma estranha claridade avermelhada saiu de seus olhos; parecia que lançavam chamas. Era a hora do crepúsculo, e por isso pensei que os raios do sol dardejando horizontalmente nos olhos de animal poderiam explicar o fato. Os olhos dele brilhavam quase como as vidraças de uma janela quando são tocadas diretamente pelos raios do sol.

... Quando chegamos perto de casa, minha amiga se deu conta de que tinha perdido a bola de prata de sua sombrinha. Dirigiu-se a um dos jardineiros, pedindo-lhe que mandasse um homem buscar o objeto, e lhe deu as informações necessárias, e qual o caminho que tínhamos tomado. O jardineiro respondeu que ele mesmo iria antes da noite, e explicou que os camponeses do lugar tinham grande ojeriza de ir àquele bosque, sobretudo à noite. – E por que? – indagou minha amiga. O jardineiro respondeu que a superstição desses camponeses ignorantes, tão insuportavelmente tolos e irritantes, tinha piorado ainda mais ultimamente depois do boato de que o veado de olhos flamejantes tinha sido visto no bosque, fazendo com que ninguém ousasse se aventurar ali. Minha amiga e eu trocamos um olhar de relance. Não ousamos, porém, contradizer o douto jardineiro. Ele foi à procura do objeto perdido, e nós entramos em casa.

Desde então, algumas vezes e a longos intervalos, correu o boato de que o veado de olhos chamejantes tinha sido visto por alguém, e o bosque era cada vez mais evitado pelos camponeses. Embora, desde essa época, em poucos dias eu não tenha atravessado o bosque a pé ou a cavalo, fora alguns períodos em que tive que me ausentar de casa, e quase sempre com meus dois cães, nunca mais, até algumas semanas atrás, me aconteceu de encontrar o veado misterioso.

Era um dia sufocante e eu tinha me dirigido ao bosque para encontrar um abrigo do sol e do reflexo intenso da estrada. Estava acompanhada por dois collies e por um pequeno terrier. Chegando à beira do bosque, os dois collies se abaixaram de repente e se recusaram a continuar. Ao mesmo tempo, exerceram toda sua arte de persuasão canina para que eu fosse noutra direção. Vendo que eu persistia em avançar, acabaram por me acompanhar, mas com visível desagrado. Contudo, depois de alguns instantes, eles pareceram esquecer isso e recomeçaram a correr de um lado a outro, enquanto eu continuava tranquilamente a caminhar, colhendo amoras. Em determinado instante, vi que chegavam correndo e se agachavam, tremendo e gemendo, a meus pés. Ao mesmo tempo, o pequeno terrier saltava no meu colo. Eu não conseguia entender o que acontecia, quando, de repente, ouvi atrás de mim um galope furioso que se aproximava rapidamente. Antes que eu pudesse me afastar, vi se aproximar um bando de cervos assustados. Em seu galope desenfreado, faziam tão pouco caso de mim e dos cães que estiveram quase a ponto de me atirar ao chão. Olhei em torno, espantada, para descobrir a causa daquele pânico, e enxerguei um veado de cor vermelho escura que, voltando para trás, mergulhava na mata. Os cervos se foram rapidamente noutra direção do bosque. Meus cães que, em circunstâncias normais, os teriam caçado, continuavam agachados e tremendo a meus pés, e o terrier se recusava a descer de meu colo. Durante vários dias, esse cãozinho não quis atravessar o bosque. Os dois collies, embora não se recusassem a fazê-lo, entravam ali contra a vontade, e demonstravam visivelmente suas desconfiança e receio.

O resultado de nossas pesquisas só confirmou nossa impressão, ou seja, que o veado de cor vermelho escura ou, como dizem na região, o veado de olhos chamejantes, não era um animal comum, vivo, terrestre... Mas que relação poderia existir entre o fato em questão e a tragédia que tivera lugar no bosque, é um problema para o qual não tenho resposta. Não duvido, entretanto, que as faculdades de intuição e clarividência próprias dos animais os tenham feito perceber a existência de alguma coisa anormal ou supranormal no bosque, e que sua repulsa aos fenômenos dessa espécie – repulsa que, nos seres humanos, é chamada de superstição – seja a verdadeira causa de seu estranho comportamento.

Se tivesse sido apenas eu a ver o misterioso animal, é mais que provável que não teria dito nada. Mas ele foi visto por diversas vezes, e em circunstâncias diferentes, por muitas pessoas da região.

Light, outubro de 1904, páginas 511-513

Esse é o caso marcante relatado pela sra. E. d'Espérance, que observa exatamente que, nessas circunstâncias, não poderia se tratar de um veado vivo. Direi de minha parte que essa hipótese não resiste à mais superficial análise dos fatos. É o que fica evidente se considerarmos que um veado de carne e osso não poderia viver e aparecer no mesmo lugar durante um século; e também que os cavalos, os cães e os cervos não costumam se assustar com a visão de um inofensivo veado; e por último, com essa alternativa não se poderia explicar o terror pânico que tomou conta tantas vezes dos cavalos e dos cães, enquanto aparentemente não existia nada de anormal para as pessoas.

Para outros 22 casos que pertencem a uma e outra das subdivisões desta categoria, dirijo o leitor às obras e jornais a seguir:

95º caso – (Visual-auditivo-coletivo) – Proceedings of the S.P.R., vol. V, p. 470.

96º caso – (Visual-auditivo-coletivo, com anterioridade do animal para as pessoas). Proceedings of the S.P.R., vol. IV, p, 262.

97º caso – (Visual-auditivo, com anterioridade do animal para as pessoas). Proceedings of the S.P.R., vol. X, págs. 353-354.

98º caso – (Visual-auditivo-coletivo). Proceedings of the S.P.R., vol. II, p.149.

99º caso – (Visual-auditivo-coletivo, com anterioridade do animal para as pessoas). Journal of the SPR., vol. III, págs. 253-254-256.

100º caso – (Visual-auditivo-coletivo, com anterioridade do animal para as pessoas). Journal of the S.P.R., vol. II, p. 348.

101º caso – (Visual-auditivo-coletivo, com anterioridade do animal para as pessoas). Journal of the S.P.R., vol. II, p. 351.

102º caso – (Visual-auditivo-coletivo, com anterioridade do animal para as pessoas). Journal of the S.P.R., vol. III, p.120.

103º caso – (Visual-auditivo-coletivo). Journal of the S.P.R., vol. V, p. 307.

104º caso – (O animal é o único receptor). Journal of the S.P.R., vol. VI, p.16.

105º caso – ((O animal é o único receptor). Journal of the S.P.R. vol. VI, p.65.

106º caso – (Visual-coletivo). Journal of the S.P.R., vol. VI, p. 172.

107º caso – (O animal é o único receptor). Journal of the S.P.R. vol. VII, p.331.

108º caso – (Visual-coletivo). Robert Dale Owen: The Devatable Land, págs. 233-236.

109º caso – (Visual-coletivo). Sra. De Morgan: From Matter to Spirit, págs. 244-247.

110º caso – (Visual-coletivo-suicessivo). Journal of the S.P.R., vol. XIII, págs. 256-262.

111º caso – (Visual-coletivo). Journal of the S.P.R. págs. 342-343.

112º caso – (Visual-coletivo). Journal of the Ameircan S.P.R., 1910, p.50.

113º caso – (Visual-coletivo). Light, 1901, p.46.

114º caso – (Visual-tátil-olfativo). Light, 1903, p. 473.

115º caso – (Visual-coletivo). Light, 1917, p.311.

116º caso – (Visual-coletivo). Light, 1921, p. 610.

Sétima categoria

Materializações de animais

Faço questão de observar que as pesquisas experimentais sobre as manifestações animais tratadas nesta categoria ainda se encontram em situação rudimentar. Esses fenômenos, pois, quase não podem ser considerados sob um ponto de vista científico, e limitar-me-ei a mencionar o assunto, para que não haja uma lacuna nesta obra.

Entre os relatórios das sessões experimentais de efeitos físicos, os casos em que se menciona materializações de formas animais não são muito raros. Apenas, como se trata quase sempre de manifestações inesperadas e fugazes, as descrições feitas não são detalhadas o suficiente para que se possa considerá-las como cientificamente comprovadas. Contudo, elas poderão um dia revestir-se de uma certa importância do ponto de vista da história desse ramo especial de fenômenos. Isso se dará quando essas manifestações forem incluídas pela ciência junto com os outros ramos mais evoluídos do mesmo tronco supranormal.

Com vistas à história futura desse novo ramo de pesquisa, disponho-me pois a relatar alguns fatos desse tipo, a título apenas de histórias e, por conseguinte, sem atribuir-lhes um número de ordem, porque não se pode acolhê-los, por enquanto, em uma classificação científica.

Se voltarmos meio século atrás na cronologia das manifestações mediúnicas, encontraremos uma primeira referência a materializações de animais em uma carta enviada à Light, 1907, p. 275, por Alfred Vout Peters, o médium psicômetra bem conhecido. Carta na qual, falando da visão de um animal que tivera, diz ele:

> Lembro que nas sessões com a sra. Corner (Srta. Florence Cook), tivemos a materialização de um macaco, para grande pavor da médium, que não esperava algo semelhante.

Encontra-se outra menção semelhante, um pouco mais detalhada, na obra do doutor Gibier, Analyse des Choses (Análise das Coisas), p. 210, na qual, tratando dos fenômenos de materialização que se produziam na casa do coronel M., da Escola Politécnica de Paris, o autor observa:

> Nas sessões com o coronel M. (1875-1877), às quais assistiam notabilidades científicas do exército, a médium era a filha adotiva do coronel. Um fenômeno que me impressionou bastante no curso dessa série de experiências e que deixo registrado para aqueles que são iniciados nesses estudos, foi a materialização perfeita de um cãozinho, morto alguns anos antes, e que pertencera ao coronel.

Na obra de Gambier Bolton, Ghosts in Solid Form, na qual se acham resumidas as principais manifestações obtidas no curso de sete anos de experiências com médiuns particulares, encontramos algumas materializações de animais. Durante uma sessão à qual assistia o marechal Lord Wolseley, houve a materialização de uma foca. Em outra, a de um animal selvagem da Índia que tinha sido criado e domesticado por uma senhora presente à sessão. O animal, reconhecendo de imediato sua antiga dona, saltou do colo da médium para o daquela senhora, mostrando sua alegria com gritos característicos, iguais aos que emitia quando vivo em circunstâncias semelhantes.

Durante as famosas sessões de materialização que tiveram lugar em Alger em 1905, com a médium Marthe (Eva C. da sra. Bisson), na presença do professor Charles Richet e de Gabriel Delanne, uma forma animal se materializou. A sra. X. conta a respeito:

> O professor Richet só falou das manifestações ligadas à figura central de Bien-Boa, mas penso que não terá nada em contrário a que eu relate um curioso incidente que se

passou na sessão de sete de setembro.

A gatinha da casa tinha nos seguido à sala das sessões sem que notássemos e, quando ocupamos nossos lugares, ela saltou ao meu colo e não se mexeu mais. Durante uma meia hora, só tivemos fenômenos fracos. A seguir, as cortinas do gabinete mediúnico foram afastadas por uma mão enrolada numa das cortinas, deixando ver a médium, junto com a forma materializada de Aïscha. De imediato a gata saltou de meu colo para o da médium. Mas quando estava lá, pareceu fixar a atenção em alguma coisa que estivesse no canto A do gabinete. Um de nós comentou: "O que a gata está vendo?" Uma voz do canto A respondeu: "Ela está me vendo". Ao mesmo tempo, uma forma enrolada na cortina dirigiu-se à gata, começou a acariciá-la e a brincar com ela. A gata reagiu alegremente pegando a beira da cortina; mas a deixou em seguida e desviou o olhar para o canto B do gabinete, assumindo uma atitude de defesa, como se estivesse em presença de uma criatura hostil. Empinou as costas, começou a resfolegar e a miar em tom de ameaça. Uma voz disse então, do canto B: "Ela está vendo um outro gato". Ao mesmo tempo se ouviu no mesmo canto B um miado forte, fazendo eco ao da gata. Esta saltou do colo da médium para o da sra. Paulette, um dos membros do nosso grupo experimental, enquanto se ouvia, por duas vezes, virem do canto B os miados do gato materializado. Depois, uma forma negra, da dimensão de um gato, saltou para o colo da médium e ficou ali por cerca de dois minutos, desaparecendo depois de uma forma bastante peculiar, porque parecia se dissolver lentamente...

Light, 1921, página 594

Durante as sessões com a célebre médium sra. Wriedt, cuja maior característica eram os fenômenos de "voz direta", foram obtidos muitas vezes materializações de animais, em que também foram ouvidas suas vozes. Limito-me a relatar dois exemplos.

Nos relatórios das sessões de Cambridge, que tiveram lugar em 1914, um magistrado dessa cidade fala assim – Light 1914 página 296:

Durante a primeira sessão, que teve lugar em Wimbledon,

minha mulher sentiu uma pressão característica sobre o pé, mas não soube dizer do que se tratava. Isso aconteceu várias vezes, dando lugar a diversas suposições por parte dos experimentadores. De repente, fomos surpreendidos ao ouvir um cão latindo. Perguntamos ao dr. Sharpe, o espírito-guia, o que significavam esses latidos. Ele respondeu: "Está aqui um cão *spaniel*, que pertencia a sua mulher". De fato, alguns anos antes, tínhamos perdido um *spaniel* de que gostávamos muito, e que já tinha sido visto conosco em outras sessões, por médiuns clarividentes. Não é preciso dizer que a médium não poderia saber nada a respeito.

Em outra sessão com o mesmo médium, cujo relatório apareceu na *Light*, 121, p. 490, o sr. A. J. Wood diz:

> Levei à sessão um amigo meu, com sua mulher. A sra. Wriedt descreveu com precisão um cão de raça *collie* que ela enxergava ao lado de meus amigos. Em certo momento, dirigindo-se à senhora, a médium disse: "Ele colocou a pata em seus joelhos". No mesmo instante, ouviu-se nesse lugar um latido alegre e forte. E de fato, meus amigos tinham possuído um cão *collie*, de que gostavam muito, que tinha morrido vários anos antes, e cujo aspecto correspondia exatamente ao descrito pela médium.

Cito por último alguns extratos de relatórios de sessões com o médium polonês Franck Kluski, publicados na *Revue Métapsychique*, onde se **vê** que era de fato uma primeira contribuição experimental séria a propósito das materializações animais.

No fascículo de julho-agosto de 1921, p. 201, da mesma revista, o doutor Gustave Geley, que havia assistido às sessões, anunciava a publicação próxima dos relatórios sobre o extraordinário fenômeno das materializações animais, nos seguintes termos:

> As materializações de formas animais não são raras com Franck. Nos relatórios das sessões da Sociedade de estudos psíquicos de Varsóvia, que publicaremos proximamente, veremos registrados, em especial, uma grande ave de rapina, que apareceu em diversas sessões e foi fotografada; depois um ser bizarro, espécie de intermediário

entre o macaco e o ser humano, com uma face simiesca, mas uma testa grande e alta, o rosto e o corpo cobertos de pelos, os braços muito longos, assim como as mãos, etc. Parece bastante emocionado, toma as mãos dos assistentes e as lambe como faria um cão.

Essa criatura, que apelidamos de "Pitecantropo", manifestou-se diversas vezes durante nossas sessões. Um de nós, na sessão de 20 de novembro de 1920, sentiu sua grande cabeça peluda apoiar-se pesadamente em seu ombro direito, e em sua face. Essa criatura tinha cabelos espessos e ásperos. Um cheiro de bicho, de "cachorro molhado" se desprendia dele. Um dos assistentes estendeu a mão, e o "`Pitecantropo" a tomou, depois lambeu demoradamente por três vezes. Sua língua era grande e macia.

Noutras vezes, sentimos nas pernas toques que lembravam o roçar de cães...

O relatório das sessões acima indicadas foi publicado no número de janeiro-fevereiro de 1923, páginas 27-39, da Revue Métapsychique. Copio do relatório da sessão de 30 de agosto de 1919 a seguinte passagem:

> ...Vimos ao mesmo tempo diversas aparições. A primeira que se viu bem foi uma aparição já conhecida dos assistentes nas sessões anteriores. Era uma criatura do tamanho de um homem adulto, bastante peluda, com uma enorme cabeleira e uma barba espessa. Era coberto de uma pele rachada; sua aparência lembrava um animal ou um homem muito primitivo. Não falava, mas emitia sons roucos com os lábios, estalava a língua e rangia os dentes, tentando em vão se fazer entender. Quando o chamavam, ele se aproximava; deixava que acariciassem sua pele peluda, tocava as mãos dos assistentes e as arranhava bem de leve com unhas que semelhavam garras. Obedecia ao médium e não feria os assistentes, tocando-os bem de leve. Era um progresso, porque nas sessões anteriores, essa criatura mostrava grande violência e brutalidade. Tinha uma tendência explícita e uma vontade persistente de lamber as mãos e o rosto dos assistentes, que se defendiam dessas carícias desagradáveis. Ele obedecia a todas as ordens dadas pelo médium, não apenas as expressas verbalmente, como as dadas em pensamento.

Copio esta outra passagem do relatório da sessão de 3 de setembro de 1919. O relator escreve:

> Ao mesmo tempo, o médium e as pessoas sentadas em torno dele sentiram a presença do homem-animal primitivo, como nas sessões anteriores. Esse ser materializado andou pelos assistentes, lambendo-lhes as mãos e o rosto, nos quais passava sua mão ou pata peluda, ou apoiava a cabeça cabeluda. Esses gestos eram lentos, não bruscos. Essa entidade só mostrava uma certa animosidade contra a cachorrinha da sra. Kluska ("Frusia"), que ficava no colo da srta. Grzelak. O ser materializado puxou os pelos e as orelhas da cachorrinha, que começou a se irritar e latir. Por fim, muito assustada, a cachorra saltou do colo da srta. Grzelak e foi esconder-se no sofá, entre as pessoas ali sentadas, e não se mexeu mais.

A sessão foi suspensa por algum tempo. Quando recomeçou, o homem primitivo se materializou de novo. O relatório continua assim:

> Desde o início, se viu diversas aparições, entre outras aquele do homem primitivo. Ele ficou o tempo inteiro sentado no chão sobre o tapete, entre os assistentes. Estava relativamente calmo, mas não deixava que o iluminassem com as lanternas e até arrancou com um grunhido a que a sra. Kluska segurava.

Os relatórios de que tratamos contêm outros três casos de materialização do mesmo "homem primitivo". Não os reproduzo porque são semelhantes aos anteriores.

Quando às materializações da grande ave de rapina, só encontro nos relatórios uma única referência a um fato desses, durante a sessão de 7 de setembro. O relator escreve:

> Às 11:20h., viu-se uma grande ave como uma águia ou abutre da sessão nº 1, bem materializada e bem iluminada, acima da cabeça da sra. Jankowska. Ouviu-se também estalidos e ruido de passos.

Registro, a respeito, que na Revue Métapsychique, janeiro-fevereiro de 1923, foi publicada uma fotografia muito bonita dessa ave de rapina. Ela aparece encarapitada no ombro esquerdo do médium, as grandes asas abertas, o olhar penetrante dirigido para os experimentadores.

Tais são os casos recentes no que tange a materializações de animais; materializações que assumem uma importância ao mesmo tempo científica e metapsíquica. O fato de que a grande ave de rapina tenha sido fotografada é de uma importância teórica decisiva, porque é suficiente para eliminar a hipótese alucinatória. E que perspectivas de uma futura ciência antropológica-supranormal permite essa aparição materializada de um ser com as características de um de nossos ancestrais longínquos, elo de ligação entre o homem e os macacos antropoides, confirmando as deduções dos naturalistas sobre a existência do "Pitecantropus alalus"? O assunto é sem dúvida apaixonante e sugere naturalmente longas considerações sobre a filogênese humana; mas não devemos aqui nos aventurar em discussões prematuras.

Do conjunto de casos citados até aqui pode-se deduzir, em resumo, que os casos de materializações de animais tornam-se com frequência provas de identificação espiritual da raça animal, provas análogas às da identificação espiritual do gênero humano. Segue-se daí que se esse novo ramo de pesquisas evoluir, contribuirá, junto com os outros, para demonstrar experimentalmente a existência e a sobrevivência da psique animal.

Prevejo a objeção que se poderá fazer a respeito: a de que os fenômenos de materialização humana, como os de materializações animais, são explicáveis pela hipótese "ideoplástica", sem que seja necessário recorrer à hipótese espírita. Responderei que se a hipótese ideoplástica é capaz de dar conta de alguns tipos rudimentares de materializações humanas e animais, se é possivelmente a causa desses fenômenos, seria por outro lado absurdo e insustentável estender essa explicação a toda a classe de tais fenômenos. A respeito disso, nunca será demais repetir que animismo e espiritismo são dois elementos inseparáveis do mesmo problema, e que, por conseguinte, nas manifestações mediúnicas de todo tipo, nos encontramos forçosamente diante de manifestações que são em parte anímicas e em parte espirituais. Não poderia ser diferente, e seria absurdo pretender o contrário, já que, nos dois casos, o espírito que age é o mesmo, com a diferença que num caso se encontra encarnado e noutra desencarnado. Nada mais natural, pois, que essa combinação inseparável dos dois tipos de manifestações, nas quais, entretanto, é relativamente fácil distinguir entre os fenômenos anímicos e os espíritas. De fato, assim como já disse em outra obra, o caso do fantasma de Katie King, que contou a W. Crookes sua vida terrena, o de Estelle LIvermore, que escreveu a seu marido longas cartas em francês – língua desconhecida do médium; o de Nepenthès, da sra. D'Esperance, que diz ter vivido nos temos heroicos da Grécia antiga e que escreve uma mensagem de sete linhas em grego antigo, língua desconhecida de todos os presentes – esses casos não poderão jamais ser explicados pela hipótese ideoplástica, e devem ser considerados como incontestavelmente espíritas. O mesmo pode ser dito do caso Sven Stromberg-d'Espérance, em que um obscuro camponês sueco, emigrado e falecido no Canadá, numa pequena localidade perdida do interior, se manifesta pela escrita mediúnica sessenta horas após sua morte. A seguir ele se materializa, é fotografado pelo professor Boutlerof, na presença de Alexandre Aksakof e outros eminentes experimentadores; depois disso, a fotografia é enviada à Suécia, para a pequena cidade natal de Sven-Stromberg, conforme o endereço dado pelo próprio espírito, e lá é identificada por numerosos concidadãos do falecido. Light, 1905, p. 43-45; e No país das sombras, da sra. D'Espérance.

É evidente que, em casos análogos a este último, a hipótese ideoplástica se acha excluída porque a força criadora do pensamento do médium não poderia certamente materializar os traços do falecido que ele não conhecia, e que os assistentes também ignoravam. Daí a conclusão inevitável de que, se um morto desconhecido de todos os participantes consegue se materializar, isso só pode ser explicado supondo-se que ele esteja presente e atue. Essa conclusão não pode ser discutida, e como não existem hipóteses racionais que se possa opor a ela, assume um caráter de prova definitivo.

Apenas, como se trata, em nosso caso, de materializações animais, vemos surgir a respeito uma dúvida teórica importante. Pode-se assinalar que as materializações autênticas de espíritos humanos desencarnados podem ser, até certo ponto, compreensíveis, porque podemos controlar as declarações das personalidades mediúnicas de que as materializações se produzem graças a um ato de vontade da entidade que se manifesta. E podemos controlar essas declarações comparando os fenômenos de materialização com algumas manifestações teratológicas do organismo, tais como a "gravidez psicológica" e os "estigmas", que se pode explicar por um fenômeno de ideoplastia subconsciente e, assim, a um ensaio rudimentar físico da força criativa do pensamento. Essas manifestações anormais tornam verossímil o fato de que o processo de materialização acontece por um ato de vontade da entidade que se manifesta. Mas não se poderia explicar as materializações de animais para as quais, em falta de faculdades racionais suficientemente desenvolvidas, o ato de vontade necessário não seria possível.

O assunto é teoricamente interessante. Antes de discuti-lo segundo minha visão das coisas, trago a opinião de uma pessoa profundamente versada nos estudos metapsíquicos, com a qual troquei algumas cartas sobre o tema. Essa pessoa escreve:

> Não deveríamos nos perguntar se as faculdades subliminais dos animais – sobretudo de alguns deles – não seriam infinitamente superiores às que se manifestam durante a vida encarnada, durante a qual o animal é colocado numa posição inferior, em face da estrutura rudimentar de sua organização cerebral, à alma de um ser humano reduzido temporária ou definitivamente a uma condição psicológica anormal (alienado, idiota, etc)? Por que um cão morto deveria ter mais dificuldade para se materializar que um cão vivo tem para ser agente de um fenômeno telepático? Os dois fenômenos podem provavelmente ocorrer quase automaticamente, como a ostra constrói automaticamente sua concha, a aranha a sua teia, a abelha o favo e o mel, etc. E isso, bem entendido, sem entrar na questão obscura da inteligência, sobretudo a matemática, que mostram os animais quando nos dão uma comunicação automática (cavalos de Elberfeld, cão de Manheim, etc). Prefiro não

levantar essa questão, justamente porque ignoro qual é o papel que pode desempenhar nisso a participação inconsciente da pessoa humana. Nossos médiuns sabem como produzem seus fenômenos supranormais não espíritas e, por exemplo, as materializações puramente ideoplásticas?

Esses os argumentos racionais e convincentes suscitados a meu correspondente pela dificuldade teórica em questão. Devo observar, contudo, que seu ponto de vista depende de admitir que a mente subliminar dos animais seja muito superior à que se manifesta em sua vida encarnada, ao ponto de que sua personalidade espiritual possa ter a vontade de se materializar, vontade indispensável em semelhante circunstância.

Aos que não se sintam capazes de atribuir ao subconsciente animal uma vontade e uma inteligência quase humanas, sugiro que se pode resolver o problema de outra forma. Por exemplo, aceitando as explicações que dão sobre isso as personalidades que se comunicam, dizendo que uma entidade desencarnada, tanto humana quanto animal, não podendo conseguir se materializar sozinha, deve recorrer ao auxílio de numerosos espíritos auxiliares, já familiarizados com os processos de materialização. Por conseguinte, quando uma forma animal se materializa, a vontade que dirige os procedimentos da materialização seria, na realidade, a dos espíritos auxiliares.

Oitava Categoria

Visão e identificação de fantasmas de animais mortos

A categoria das percepções de fantasmas animais contém em abundância casos variados. Se nos propusermos encará-los de um ponto de vista rigorosamente científico, concluiremos que os dois primeiros grupos são os mais ricos em casos. O primeiro inclui as visões de fantasmas animais que não foram identificados com outros animais que tenham vivido ou tenham morrido recentemente na vizinhança, visões que se pode explicar facilmente pela hipótese alucinatória, embora haja exemplos em que os fantasmas animais foram percebidos coletiva e sucessivamente por diversas pessoas.

O outro grupo de fantasmas a excluir é o das visualizações subjetivas obtidas por sensitivos clarividentes, visualizações que, na maior parte, são devidas a um fenômeno de "clarividência telepática", isto é, à leitura de pensamento no subconsciente do consultante. É o que acontece, sob outra forma, nos casos de psicometria, nos quais o objeto apresentado ao sensitivo serve para estabelecer o rapport entre o subconsciente dele e o do proprietário do objeto, o que faz com que, diante da visão subjetiva do sensitivo, surjam imagens que representam fatos e acontecimentos relativos ao proprietário do objeto em causa, e que constituem a representação mais ou menos simbólica das informações obtidas pelo sensitivo do subconsciente do consultante.

Segue-se que as visões de animais mortos, quando acontecem em condições que permitem atribuí-las à "clarividência telepática", não podem ter um valor de prova de identificação animal, a menos que exista algum fato secundário que possa corroborar esta última; coisa que acontece com frequência nas consultas em questão. Não pode então tratar-se de "clarividência telepática propriamente dita", mas de "clarividência telepático-espírita".

Esse cruzamento de manifestações semelhantes com uma origem diversa mostra o fundamento e a importância da lei metapsíquica a que fizemos referência antes, segundo a qual todas as formas de vidência e de mediunidade podem ser alternativamente "anímicas" e "espiríticas"; isso, em decorrência do fato básico de que qualquer manifestação supranormal que se produz por ação de um espírito desencarnado pode igualmente se produzir por meio de um espírito encarnado quando este se encontra em condições passageiras de projeção parcial do espírito – isto é, em condição leve ou profunda de sono fisiológico, sonambúlico, mediúnico, ou em decorrência de uma doença grave, de síncope, de êxtase. Resulta daí que em todas as formas de manifestações supranormais, são as circunstâncias em que ocorrem os fatos que devem nos levar às causas que os produziram, e não as formas diversas de vidência ou de mediunidade pelas quais foram obtidos, porque estas são equivalentes, já que todas podem ser tanto espiríticas como anímicas.

Passo agora a expor os casos recolhidos, iniciando por um caso explicável pela "clarividência telepática", para continuar com casos menos suscetíveis de ter essa interpretação, até chegar a outros nos quais ela deve ser absolutamente excluída.

117º caso – (Mediúnico vidente).

O sr. P.G. Leymarie pai, que foi diretor da Revista Espírita, publicou o seguinte fato em 1900:

> No mês de janeiro de 1887, a sra. Bosc, viúva do eminente engenheiro, estava sentada perto da lareira de nosso apartamento no nº 7 da rua de Lille, em Paris, quando o conde Levoff, presidente da Suprema Corte de Moscou, chegado da Rússia, nos fez sua primeira visita. Em deter-

> minado momento, a sra. Bosc disse: "Enxergo perto do senhor um cão que parece lhe ter muito afeto. É um grande terra-nova branco, com as patas e a orelhas pretas e uma estrela preta na testa. Tem no pescoço uma coleira de prata fechada por uma pequena corrente, com a inscrição "Serge Levoff", mais o nome do cão, que a vidente disse, mas que o sr. Leymarie esqueceu. Tem uma bela cauda comprida, e o acaricia e olha para o senhor.

Ouvindo isso, os olhos do sr Levoff se toldaram de lágrimas, e disse:

> Na infância, eu era ágil e travesso, e meus pais me entregaram aos cuidados de meu cão, que a senhora descreveu exatamente. Ele me salvou a vida mais de uma vez, tirando-me do rio onde eu estava a ponto de me afogar. Eu tinha doze anos quando perdi esse fiel amigo, que chorei como a um irmão. Fico feliz de saber que ele está perto de mim, com a certeza de que esses companheiros de nossa vida têm uma alma inteligente, que sobrevive à morte do corpo, e um perispírito graças ao qual podem reconstituir o seu corpo, com a coleira e sua inscrição. Posso também reconhecer que é uma médium de grande força, que despertou em mim lembranças de quarenta anos atrás. Obrigada, senhora, e que Deus a abençoe.
> A sra. Bosc viu o cão fazer grandes manifestações de alegria. Depois ele desapareceu pouco a pouco. Ora, nós não estávamos esperando o conde Levoff, que a sra. Bosc estava encontrando pela primeira vez. Nunca houvera qualquer relação entre eles. De minha parte, eu não sabia que o prenome do sr. Levoff era Serge.

É assim que se produzem as manifestações da "clarividência telepática" em sua forma mais simples e característica, e deve-se convir que se não se conhecesse exemplos de leitura do subconsciente das pessoas, obtidas em sonambulismo magnético, e não menos detalhadas e impressionantes, assim como um grande número de exemplos ainda mais notáveis obtidos pela psicometria, seríamos levados a atribuir um valor objetivo aos fatos semelhantes ao acima descrito. Mas qualquer pessoa cujo espírito tenha um lado científico não se deixará levar pelas aparências e concluirá da observação que na falta de circunstâncias colaterais que venham a provar a origem extrínseca da visão da sra. Bosc, devemos considerá-la como produzida por um fenômeno de leitura do pensamento subconsciente. Não contesto o que há de misterioso no fato de uma clarividência que extrai do subconsciente de outro um fato acontecido quarenta anos atrás, em vez de tantos outros mais recentes e que, por isso, deveriam ter sido mais perceptíveis às faculdades supranormais. Sim, certamente o fato tem algo de inconcebível e contraditório, e no entanto, se inclui incontestavelmente entre os casos de clarividência telepática. Só nos resta admitir essa interpretação dos fatos, resignando-nos a nossa ignorância. Por outra, uma solução satisfatória do mistério poderia ser dada supondo-se que, no caso em questão, o assunto da conversa poderia ter evocado, na memória do sr Levoff, o tocante episódio de sua infância, tornando-o dessa forma atual para as faculdades de penetração da clarividência telepática.

118º caso – (Criança vidente e de pouca idade).

A Light publicou-o em 1906, p. 387. O sr. Francis T. Harris fala do falecimento de um de seus filhos, com a idade de sete anos apenas. Nascera de pais sadios e fortes. Ele mesmo era sadio, sem nenhum transtorno neuropatológico, mas tinha mostrado, desde os primeiros anos, uma disposição para a clarividência. O sr. Harris relata:

> Desde seus primeiros anos, seus pais notaram que ele via coisas que os outros não enxergavam. Essa particularidade era comentada pelos que o cercavam. Antes mesmo de aprender a falar, ele muitas vezes parecia assustado por alguma coisa invisível. Noutras vezes, ao contrário, parecia alegre com algo que enxergava e estendia os bracinhos para alguém que só existia para ele.
>
> Ainda não completara três anos e certo dia se divertia com seus brinquedos, no seu quarto, perto dos pais, quando de repente foi presa de grande medo e correu chorado para a mãe. Esta o interrogou e ele disse que tinha se assustado ao ver dois cães, um vermelho e outro preto. O pai o tomou nos braços e tentou distrai-lo e acalmá-lo dizendo que os dois cães queriam brincar com ele.
>
> Alguns dias após, o fato se repetiu na mesma peça e do

> mesmo modo. O menino correu para o pai, mais assustado que nunca com a visão dos dois cães, e se refugiou em seus braços. O pai o tranquilizou dizendo que os cães não lhe fariam nada de mal. Dizendo isso, chamou os cães, primeiro assobiando, depois estalando os dedos, e acariciando o ar ao lado dele. Isso levou o menino a fazer o mesmo. Sua surpresa foi sem limites quando viu que não conseguia tocar os cães. Mas isso teve o feliz resultado de dissipar o seu medo. E embora lhe acontecesse várias vezes ver os cãezinhos, não teve mais medo.
>
> Deve-se dizer que o pai do menino vidente tinha possuído dois cães setter, um vermelho e outro preto, que tinham morrido três anos antes.

A relação entre os fantasmas caninos que apareceram ao menino e os cães de cor idêntica que o pai havia tido não parece questionável. Por outro lado, não se pode excluir absolutamente a hipótese da leitura do pensamento do pai pelo menino. Porém essa hipótese não parece muito verossímil se lembrarmos que a criança tinha se mostrado vidente desde o nascimento que tinha visões de outro tipo, que não se poderia atribuir à leitura do pensamento, e que os fantasmas dos cães lhe apareciam com frequência, a ponto de se tornarem familiares a ele. Essa última circunstância dificilmente se ajusta à hipótese da transmissão do pensamento do pai ou da mãe, que então teria que se voltar para os cães mortos cada vez que a criança os enxergava. De qualquer modo, a origem deste caso permanece em dúvida.

119º caso – (Visual).

Na obra do sr. Arthur HIllk, Man is a spirit, página 117, lemos este relato, enviado ao autor pela receptora, sra. Janet Holt:

> Meu marido trouxe um dia para casa um grande cão buldogue. Disse que o cão lhe faria ganhar dinheiro sendo campeão em lutas de buldogues. O cão se chamava Charles e era um animal bom e afetuoso, que não tardei a amar bastante. Ele ganhou muitas lutas, mas certa vez foi vencido. Meu marido, irritado por isso, o pegou e jogou no rio.
>
> Alguns anos depois, quando eu já tinha quase esquecido

> do pobre Charles, acordei uma noite sobressaltada, como se alguém me tivesse sacudido, e me vi cercada por uma luminosidade estranha. Sentei na cama, e espantada, vi Charles sentado ao meu lado. Parecia de tamanho normal, absolutamente idêntico ao que tinha sido em vida. E me olhou fixamente durante algum tempo, depois desapareceu lentamente. Na manhã seguinte, meu marido foi preso. Talvez Charles se tenha manifestado como uma premonição. Meu marido era um grande patife e tive que me separar dele para sempre. Está atualmente na América.

Que estranha e tocante é essa história de um cão morto cruel e injustamente por um mau dono e que se manifesta à mulher dele, justamente na véspera de sua prisão, isto é, no momento em que vai pagar em parte os seus malfeitos. Justamente por causa dessa coincidência, se o caso não se pode explicar pela clarividência telepática, pode ser considerado sob outro ponto de vista que não o da sobrevivência da psique animal. Parece que se pode entende-lo como um caso de visão simbólico-premonitório. Nesse caso, o aparecimento do fantasma do animal sacrificado por aquele que ia ser preso não seria de natureza objetiva, mas um símbolo transmitido telepaticamente por uma entidade espiritual humana, ligada por laços afetivos à receptora.

Uma variante dessa explicação seria a suposição de que a entidade espiritual em causa teria se valido do espírito do cão manifestando-se objetivamente à receptora, sempre a título simbólico-premonitório. Nesse caso, o fantasma do cão manteria sua identidade espiritual.

Seja como for, e qualquer que seja a explicação que se queira dar ao problema, é certo que o fato acima não apresenta teoricamente qualquer base suficiente que nos permita manifestar-nos solidamente sobre sua origem.

120° e 121° casos – (Visuais-auditivos-coletivos).

O conde de Tromelin, conhecido nas pesquisas metapsíquicas, autor de duas obras sobre o assunto, relata à Revue Scientifique et Morale du Spiritisme (Revista Científica e Moral do Espiritismo), 1913, p. 40, os dois casos seguintes, que o envolvem pessoalmente:

... Até o mês de março deste ano, 1913, eu possuía uma bela cachorra chamada Flore, que tivera um filhote chamado Radium, parecido com a mãe. Apenas, ela tinha a mais uma estrela branca na testa. Fora isso, o pelo dos dois cães era totalmente amarelo.

No dia 25 de março, um automóvel passou sobre o corpo de Flore, que me foi trazida agonizante a minha casa. Apesar do atendimento feito, o pobre animal não tardou a morrer, para nosso grande pesar. Seu filho Radium ficou sozinho na casa. Eis o incidente curioso a que tive ocasião de assistir noutro dia.

Existe, à frente de meu pequeno palacete, um grande terraço no meio do qual há uma mesa de mármore e, à direita de quem entra, a casinha de Radium. No dia 3 de abril, às 11:00 horas da manhã, eu estava sentado à mesa em questão, conversando com a srta. Meille. Eu estava colocado de modo que tinha diante de mim a casinha de Radium, cujas patas amarelas saiam pela porta. A srta. Meille dava as costas à casinha, voltada para o lado esquerdo do terraço. Estávamos conversando havia cinco minutos de coisas diversas, quando eu vi a srta. Meille se virar por um momento para olhar a casinha de Radium e depois exclamar: "Ora essa! Que coisa extraordinária! Mas era mesmo Flore, e Radium está na casinha!"

Pedi explicação dessas palavras, dizendo "Sim, Radium está na casinha; mas Flore, onde a viste?"

A srta. Meille estendeu o braço, mostrando o lugar, e esclarecendo o fato com estas palavras, que eu imediatamente escrevi:

"Enquanto estávamos conversando, eu estava olhando um cão agachado ao lado esquerdo do terraço. Lá – e mostrou com o dedo – e eu pensei que era Radium, não imaginando com certeza que tinha diante de mim a pobre Flore, que eu sabia estar morta. Mas Radium se parecia tanto com Flore, que pensei: "Se eu não soubesse que Flore está morta, eu juraria que esse cão que me olha é realmente Flore. De fato, a ilusão era perfeita, pois esse cão me olhava com a expressão tão boa, doce e melancólica de Flore, e tinha na testa a sua estrela branca. Mas eu estava longe de imaginar Flora ressuscitada. Então, pensei que a estrela branca que eu estava vendo fosse um efeito da luz. Por outro lado, me perguntava como Radium, que tinha o hábito e se deitar sempre ao sol, tinha dessa vez se deitado na sombra. Mas, enquanto eu assim pensava, ouvi atrás de mim o barulho característico de um cão se coçando na casinha. Então me virei por um instante para olhar, e depois tornei a olhar imediatamente para o outro cão que estava à minha frente havia cinco minutos, mas ele tinha desaparecido no curto intervalo em que eu tinha me virado. Daí minha exclamação de surpresa. Tive a prova de que esse cão que me olhava, deitado na sombra diante de mim, e que se parecia com Flore, era realmente Flore ressuscitada, retornada por um instante entre nós".

Esse foi o relato da srta. Meille; e é muito provável que, se eu tivesse me virado no momento em que Flore se mostrou a ela, eu a teria visto também. De todo modo, parece-me que as circunstâncias em que o fato aconteceu são de molde a se considerar como autêntica e certa a aparição de Flore...

Esse não foi um fato isolado... Eu possuía uma outra cachorra fox-terrier chamada Flore como a anterior, que foi morta envenenada depois de longo sofrimento, pela maldade de um vizinho. Os que me conhecem sabem que, quando vou deitar à noite, eu enxergo visões e fantasmas de todo tipo, que passam à minha frente. Isso acontece quando estou perfeitamente acordado e na minha consciência normal.

Ora, no dia seguinte ao da morte dessa outra Flore, ela me apareceu de repente. Era ela, inquestionavelmente. Mas, nessa primeira aparição, ela tentava em vão se erguer sobre as patas.

No dia seguinte, entre outras visões, Flore me apareceu pela segunda vez e conseguia se erguer nas patas, desaparecendo de imediato. No terceiro dia, repetiu-se a mesma visão; dessa vez, ela parecia alegre e sadia. Deu alguns saltos de alegria e desapareceu. Depois não voltei a vê-la. Algum tempo depois, certa noite, ela se manifestou ruidosamente, fazendo-se ouvir por uma brincadeira especial de que ela gostava muito e que era, portanto, muito indicada para fazer-se reconhecida. A característica mais peculiar de Flore era a paixão que tinha por brincar com pedrinhas, que nós atirávamos para que ela os devolvesse, e depois fizesse rolar barulhentamente no terraço ou outro lugar. Ora, foi o barulho desse jogo das pedras

> rolando no terraço que ouvimos claramente uma noite, a ponto que teríamos jurado que Flore estava ali, divertindo-se a rolar as pedrinhas, se não soubéssemos que ela estava morta havia seis meses...
> Concluo daí que, provavelmente, os animais domésticos que amamos sobrevivem à morte do corpo, e que nós vamos revê-los no mundo espiritual, no qual acredito firmemente.

Essas são as conclusões do conde de Tromelin. No segundo episódio citado, as visões subjetivas do relator não teriam por si próprias qualquer valor de prova, porque lembram muito a classe bem conhecida das alucinações "hipnogógicas e hipnopômpicas", mas é bem diferente o caso do outro fenômenos auditivo subjetivo, do ruído característico imitando as pedras rolando no terraço, como na brincadeira favorita da cachorrinha morta. Essa manifestação supranormal corresponde a outros fenômenos análogos de origem humana, no caso da telepatia entre vivos ou entre vivos e mortos. Quando essas manifestações ocorrem entre vivos e mortos, elas constituem uma boa prova da identificação pessoal do morto a que se referem, e isso em virtude da contraprova de que, quando esses mesmos fenômenos de audição telepática se produzem entre os vivos, se constata que são verídicos, no sentido de que correspondem a uma ação real ou a uma ideação autêntica do agente. Se assim ocorre com as manifestações humanas, não se pode rejeitar a mesma conclusão para as manifestações animais, quando estas têm relação com as particularidades que caracterizavam o animal, quando era vivo.

Sem dúvida, do ponto de vista rigorosamente científico, uma prova isolada desse tipo não seria suficiente para legitimar uma conclusão definitiva em favor da identificação pessoal do morto. Entretanto, é considerada como uma boa prova auxiliar convergente para essa demonstração. Isso já representaria, de nosso ponto de vista, um elemento de valor para a identificação animal.

122º caso – (Visual-auditivo).

A Light publicou em 1921, página 594, o seguinte relato do sr. Ernest W. Duxbury:

> O problema da sobrevivência da psique animal só pode ser cientificamente resolvido recolhendo-se um número suficiente de fatos bem constatados que forneçam a prova dessa sobrevivência. As discussões filosóficas não mudam em nada as coisas.
>
> O fato que segue é bem recente e resolvo publicá-lo porque estou bem certo de sua autenticidade, quaisquer que sejam as conclusões que se possa tirar dele. Aconteceu com uma senhora nossa amiga, dotada de faculdades mediúnicas, embora nunca as tenha desenvolvido. Acrescento que conheço pessoalmente as circunstâncias que levaram a senhora em questão ao local onde o fato ocorreu. O relato que reproduzo foi escrito e assinado pela própria senhora, da qual, entretanto, só posso fornecer as iniciais: N.Y.Z. Eis o que ela escreve:
>
> Tendo chegado de repente do estrangeiro, tive que alugar um quarto mobiliado em uma velha casa de Londres. Não tardei a perceber que estava infestado por camundongos, que faziam durante a noite ruídos de todo tipo, correndo no assoalho e soltando seus gritinhos estridentes. Para me proteger desses hóspedes pouco agradáveis, peguei emprestada uma bela gata que pareceu feliz de estar em minha companhia. Gosto bastante dos felinos, e a gata correspondia com efusão a minhas carícias. Ela dormia em minha cama, colocando as patas da frente em torno de meu pescoço, e ronronando tão forte que me impedia de dormir. Infelizmente, ela ficou doente e, uma noite, ao voltar para casa, às dez horas, eu a encontrei morta, para minha grande e dolorosa surpresa.
>
> Nessa noite mesmo os camundongos recomeçaram seus folguedos. Decidi então acender o gás e ler, não ousando dormir nessa companhia. Mas o depósito do contador de gás estava quase no fim e, às três horas da manhã, a chama se apagou. Acendi então uma lamparina e me escondi sob os lençóis, porque a presença dos roedores me causava mal-estar e medo. De repente, escutei a gata ronronar ruidosamente. Escutei durante cerca de um minuto, e depois me decidi a erguer a cabeça e olhar,

querendo entender o estranho fato. Vi diante da parede ao lado da cama, ao nível de minha cabeça, uma espécie de disco opaco com o diâmetro de um pé, no centro do qual apareceu pouco a pouco a forma da gata branca e preta, absolutamente idêntica à que tinha morrido. Ela me olhou, mexendo várias vezes a cabeça do jeito característico da gata morta. A seguir seu corpo se tornou transparente por alguns segundos, e em seguida tornou-se opaco, mas consistente que antes. Vi então a gata olhar para cima, como se houvesse alguém ali. A aparição era tão real que eu falei com a gata como quando ela era viva. Mas de repente ela desapareceu. O fenômeno todo foi rápido; mas durante o resto da noite, não fui mais perturbada pelos camundongos, embora só tenha conseguido dormir a longos intervalos.

Não havia qualquer possibilidade de que outro gato tivesse entrado no quarto, pois a porta e a janela estavam bem fechadas. E pela manhã, não encontrei nenhum gato vivo ali. Quando o fenômeno aconteceu, eu ainda não tinha dormido. Estava plenamente consciente de estar acordada.

Nesse caso, a descrição de um disco opaco que toma pouco a pouco a forma da gata morta, cujo cadáver estava no quarto, lembra muito o processo normal das materializações mediúnicas. Como o sr. Duxburg, ao enviar à Light esse relato, teve o cuidado de registrar que a senhora em questão possuía faculdades mediúnicas, é bem verossímil que ela tenha realmente assistido a um início de materialização animal. O outro fato, de que os camundongos não fizeram mais barulho o resto da noite, vem ao encontro dessa interpretação, porque mostraria que os roedores de algum modo tinham percebido o fenômeno supranormal, e tiveram receio dele. Caso se tratasse de uma alucinação pura e simples, os camundongos não teriam percebido nada, e teriam continuado a correr pelo quarto.

123º caso – (Mediúnico).

Neste outro caso, que parece em princípio explicável pela hipótese da "clarividência telepática", encontramos uma circunstância secundária que deixa supor razoavelmente que pode, ao contrário, tratar-se de "clarividência telepático-espírita".

Retiro-a do volume III, página 130, dos Proceedigs of the S.P.R.; faz parte dos Relatos do sr Hudgon sobre as experiências com a sra. Piper; o sr. J. Rogers diz, a respeito de suas próprias pesquisas:

> ...Entreguei então à médium uma coleira de cachorro. Depois de amassá-la durante algum tempo, o dr. Phinuit, espírito-guia da sra. Piper, viu que ela tinha pertencido a um cão de que eu fora dono. Perguntei-lhe então se na esfera espiritual onde ele se encontrava havia cães. Ele respondeu: "Há milhares". Acrescentou que tentaria atrair a atenção de meu cão por meio da coleira. Enquanto falávamos, ele se interrompeu para dizer: "Está vindo! Creio que ele já sabe que o senhor está comigo, porque o vejo vir de muito longe". Descreveu-me então o animal. A descrição correspondia exatamente à de meu cão, de raça collie. Ele terminou dizendo: "Agora, chame-o, sr. Reach". Dei o assobio com o qual costumava chamá-lo, e Phinuit exclamou: "Está chegando! Como corre! Voa! Está aqui; está saltando alegremente ao seu redor. Como está feliz de revê-lo! Rover! Rover! Não; Grover, Grover! É o nome dele". De fato, o cão se chamava Rover, mas em 1884, eu troquei o nome dele para o de Grover, por causa da eleição do presidente Grover Cleveland.

Esse caso, por si mesmo, não contém nenhuma circunstância que possa distingui-lo dos casos habituais de "clarividência telepática". Mas há um incidente colateral que leva, ao contrário, a classificá-lo entre os casos "telepático-espíritas". O narrador continua dizendo:

> Entre muitas coisas que o "doutor Phinuit" me revelou, está a seguinte. Ele disse que via sempre perto de mim um bebê que tinha grande influência sobre mim – que estava ligado a mim por laços de família. Era uma irmãzinha. Respondi que eu não tinha nenhuma irmã e nunca havia tido. Ele replicou: "Já previa sua resposta; sabia que jamais alguém lhe falou de sua irmãzinha morta. Trata-se de uma criança natimorta; isso aconteceu vários anos antes de sua vinda ao mundo. Quando voltar para

> casa, fale disso a sua tia". Eu o fiz, e soube assim, com grande surpresa, que Phinuit dissera a verdade. Minha tia disse que, quando eu vim ao mundo, o caso do bebê natimorto fora esquecido. Nunca houve motivo para que me falassem disso. Ora, esse desconhecimento absoluto do caso mostra que a comunicação em causa não se poderia explicar pela leitura do pensamento.

Se o segundo caso não pode ser explicado pela hipótese da leitura do pensamento subconsciente, porque o consultante sempre havia ignorado o fato que Phinuit revelou, e portanto não poderia ter no subconsciente "traços mnemônicos" relativos ao fato em questão; se é assim, então temos todos os motivos para acreditar que o primeiro caso, relatado pela mesma personalidade mediúnica, com o mesmo médium, na mesma sessão, tenha igualmente uma origem extrínseca ou espírita.

124º caso – (Visual-sonambúlico).

Passando agora à exposição dos casos que não são mais explicáveis pela clarividência telepática, inicio com um fato curioso, que ocorreu no sonambulismo magnético, e que extraio do livro de Adolphe d'Assier: *L'Humanité Posthume*, página 83. O autor escreve:

> Pelo fim de 1869, encontrando-me em Bordeaux, encontrei certa noite um amigo que se dirigia a uma sessão de magnetismo. Convidou-me a ir com ele. Aceitei o convite, desejando ver de perto os fenômenos magnéticos, que só conhecia de nome. A sessão não apresentou nada de notável. Foi uma repetição do que se obtém geralmente nesse casos. Uma jovem senhora servia de sonâmbula. A julgar pelo modo com que respondia aos consultantes, deveria ter bastante clarividência. Porém o que me surpreendeu mais nessa sessão foi um fato imprevisto. Pelo meio do serão, uma das pessoas que assistiam às experiências, vendo uma aranha no assoalha, a esmagou com o pé. De imediato a sonâmbula exclamou: "Olhe, olhe! Vejo o espírito de uma aranha que se desprende!" Sabe-se que, na linguagem do médium, a palavra "espírito" indica o que chamo de "fantasma póstumo". O magnetizador perguntou: "Sob que forma a vê?" A sonâmbula

> respondeu: "Sob a forma de uma aranha". Nessa época, eu não soube o que pensar desse estranho incidente. Não duvidava da lucidez da sonâmbula, mas como não acreditava em nenhuma manifestação póstuma humana, era natural que também não a admitisse para os animais. A explicação do misterioso incidente me pareceu clara alguns anos depois, quando, tendo adquirido a certeza do desdobramento humano, me empenhava em descobrir o mesmo fenômeno entre os animais domésticos. Com minhas pesquisas, convenci-me de que a sonâmbula de Bordeaux não fora vítima de nenhuma alucinação, como acontece às vezes nas sessões de magnetismo, e que ela tinha observado um fenômeno objetivo e real.

O caso descrito é certamente notável e o fato de que aconteceu de forma inesperada contribui para sustentar a sua autenticidade supranormal.

Se conseguirmos recolher uma quantidade suficiente de casos desse tipo, cercando-os das precauções necessárias para evitar a possibilidade de uma transmissão telepática do pensamento do experimentador para a sonâmbula, daremos um grande passo no sentido da demonstração científica da existência de um "perispírito" animal totalmente análogo ao dos seres humanos. É mesmo surpreendente que ninguém tenha tentado até agora repetir uma experiência tão fácil, e que qualquer hipnotizador poderia realizar. Pelo contrário, o caso exposto permanece único. Recordo apenas que algo semelhante aconteceu uma vez durante as sessões com o médium D. D. Home, mas a obra que contém o relato do caso não pode ser encontrada, e devo limitar-me a reproduzir algumas linhas que tiro de um artigo da **Light** de 1907, página 311:

> No livro publicado pelo conde de Dunraven, que não o colocou à venda e apenas o enviou a um pequeno número de amigos, encontra-se o relatório de uma sessão na qual D.D. Home, em transe, disse estar enxergando o espírito de um cãozinho, bem conhecido de um dos assistentes. Nesse exato momento, o animal estava morrendo, e o médium viu seu espírito no momento em que deixava o corpo.

15º caso – (Visual).

Apareceu nos Proceedings of the S.P.R, vol X, página 127. A sra. Gordon Jones relata:

> Sempre senti pelos gatos grande aversão, a qual herdei de meu pai, que não podia suportar a presença deles. Nunca os tive em minha casa, até o dia em que fui obrigada a isso por uma invasão de camundongos. Consegui um gato comum cujo pelo tinha listas cinzas e pretas, mas nunca me interessei por ele e jamais permiti que subisse ao andar superior da casa.
>
> Um dia, disseram-me que o gato estava com raiva, e pediram autorização para o matar, afogando-o. Não tive força moral para conferir se a informação era digna de crédito, e sem mais, dei a autorização. Pouco depois disseram-me que o auxiliar de cozinha tinha afogado o gato num caldeirão. Como não era de minha estimação e nem meu companheiro habitual, seu desaparecimento me deixou indiferente.
>
> Na noite do mesmo dia em que o animal foi morto, estava sozinha na sala de jantar, mergulhada na leitura, e tenho certeza de que não pensava nem em gatos nem em fantasmas, quando de repente tive o impulso de erguer os olhos e olhar na direção da porta. Enxerguei, ou acreditei enxergar, que a porta se abria lentamente, deixando entrar o gato sacrificado de manhã. Era ele, sem dúvida alguma; mas parecia emagrecido e estava completamente molhado e pingando água. Apenas a expressão do olhar não era mais a mesma, e me olhava com um olhar humano e triste que doeu. Esse olhar ficou por muito tempo gravado em minha memória, como uma obsessão. Eu estava tão certa do que estava vendo, que não duvidei estar diante do gato real, que escapara ao afogamento. Chamei a camareira. Assim que apareceu, disse-lhe: "O gato está aí, leve-o". Parecia-me impossível que a criada não pudesse vê-lo, porque eu o enxergava tão claro e sólido como a mesa ou as cadeiras. Mas a camareira me olhou, assustada, respondendo: "Senhora, eu estava junto quando William levou o gato morto para o jardim para enterrar". "Mas ele está aí, não está vendo-o perto da porta?" A criada não enxergava nada; e pouco a pouco o gato começou a ficar transparente e desaparecer aos poucos, até que não vi mais nada.

Fica claro que a hipótese da clarividência telepática não se poderia aplicar ao caso acima. Por outro lado, entre as hipóteses a que poderíamos recorrer para explicá-lo, está a alucinatória, que pareceria bem menos legítima se a criada tivesse tido a mesma visão da senhora. Contudo, se pensarmos que a sra. Gordon Jones afirma que ela ficou indiferente à morte do gato e que, ao contrário, ele lhe inspirava aversão, o que nos leva a descargar a principal condição que predispõe às visões alucinatórias, que é o estado emotivo; se considerarmos, por outro lado, que quando o gato apareceu a senhora estava mergulhada na leitura, o que exclui que ela pensasse naquele momento ao animal morto; e sobretudo, se levarmos em consideração que ela teve um impulso súbito e inexplicável de erguer os olhos e olhar para o lado da porta, onde a aparição surgiu – fato que caracteriza os fenômenos realmente telepáticos, tanto os que se produzem entre pessoas vivas com entre as vivas e as mortas – se levarmos em conta esse conjunto de fatos, somos levados a concluir que o fantasma do gato que apareceu para a senhora era uma manifestação "telepático-espírita", cujo agente era o animal sacrificado algumas horas antes.

126º caso – (Animal vidente).

O sr. James Coates, ator da obra notável: Photographing the Invisible, enviou à Light, 1915, página 337, o seguinte caso de clarividência canina:

> Eu possuía um cão pomerano chamado Tobby, de nossa grande estimação, que tínhamos trazido conosco para Rothesay, em 1893. Cerca de dois anos depois, em nossa ausência de casa, Tobby foi terrivelmente ferido por um cão da vizinhança e não tardou a morrer das complicações que se seguiram. Depois de um mês, ou talvez seis semanas, deram-me de presente uma cachorra fox-terrier chamada Katie. E eis o fato estranho a que assistimos. Durante várias semanas, ela não conseguiu se aproximar do canto da cozinha onde Toby costumava se deitar, e sempre que entrava na cozinha, ela latia furiosamente naquela direção, exatamente como se visse ali um outro cão.
>
> Li ou ouvi contar outros casos de cães que viam fantas-

mas, que latiam para eles e que tinham medo deles. De toda forma, minha Katie, durante muitas semanas, teve um comportamento como se ela visse Toby e ficasse assustada. Como explicar de outra forma o fato de que ela não conseguia se aproximar, e muito menos deitar-se, no canto da cozinha que Toby havia escolhido como sua cama preferida, quando vivo?

Entre as boas provas oferecidas para provar a sobrevivência da alma humana, está a das faculdades clarividentes que o ser humano possui. Note-se que essas faculdades estão além de qualquer visão material, e não dependem das faculdades sensoriais. Ora, se está provado que os cães, por sua vez, possuem faculdades clarividentes, que conclusão devemos tirar disso? Limito-me a responder: o que constitui uma boa demonstração da sobrevivência humana só pode constituir também uma boa demonstração da sobrevivência animal.

A rigor, este caso deveria ser considerado fraco como prova. De fato, como ninguém partilhou com o animal as mesmas impressões supranormais, ninguém saberá jamais com certeza o que a cachorra em questão via no canto da cozinha. Porém mesmo não perdendo isso de vista, de acordo com os métodos de pesquisa científica, acrescentarei que existem situações que não permitem uma interpretação múltipla do mesmo fato, e que, em decorrência, nos autorizam a concluir de uma forma precisa, mesmo na falta de testemunhos diretos. É o que me parece acontecer no caso em questão. De fato, se a cachorra latia furiosamente e sem parar para o mesmo canto da cozinha onde o animal morto costumava ficar, mostrando receio de se aproximar e ainda mais de deitar-se ali, isso significa que ela agia como qualquer cão em presença de uma pessoa ou animal que não conhece. Nessas condições, o que se poderia deduzir fora da conclusão lógica de que, naquele canto, ela enxergava o fantasma do cão morto? Sem dúvida, essa conclusão pareceria audaciosa se não se conhecesse nenhum exemplo de visões de fantasmas por parte de animais. Porém, como esses exemplos são, ao contrário, frequentes e cientificamente constatados, nada impede que, pela lei das analogias, se possa explicar da mesma forma o caso que relata o sr. J. Coates.

127º caso – (Auditivo-coletivo).

É referido em um artigo publicado na Light, 1915, página 215, pelo reverendo Charles L. Tweedale, autor de diversas obras muito interessantes de temas metapsíquicos. Conta ele, entre outras coisas:

> Há cerca de dois anos – registrei o acontecido na minha agenda – minha mulher e a criada estavam sentadas, uma noite, e conversavam em uma pequena peça da casa. De repente, ouviram o ronronar forte de um gato perto da sra. Tweedale. As duas localizaram o ruido em um lugar exato, junto à saia de minha mulher. Continuou por algum tempo. Depois parou, e começaram a ouvir claramente o som delicado que faz a língua de um gato quando lambe o leite. Não sabendo o que pensar, a sra. Tweedale chamou o seu gato. Depois, junto com a criada, procurou cuidadosamente pela peça, mas inutilmente. Sentaram-se as duas novamente e recomeçaram a conversar, mas logo em seguida recomeçou a se ouvir o ronronar alto do gato invisível, ao qual se seguiu de novo o som de um gato lambendo um líquido. Elas revistaram pela segunda vez a peça, mas em vão.
>
> É preciso dizer que, havia vários dias, nosso gato tinha desaparecido. Quando a sra. Tweedale e a criada vieram contar-me o que tinha acontecido, disse-lhes: "Isso significa que não vamos mais ver nosso gato vivo". E assim foi: o pobre animal teve o fim de um grande número de gatos desta região, que são mortos maldosamente.

Neste exemplo, a manifestação supranormal é puramente auditiva, o que não diminui em nada o valor teórico do fato, que é notável por ser coletivo. Realmente, a circunstância de que duas pessoas tenham recebido ao mesmo tempo as mesmas impressões auditivas, localizando-se exatamente no mesmo ponto, é uma garantia da veracidade supranormal do acontecimento. Por outo lado, é difícil duvidar da relação de causa e efeito, isto é, entre o desaparecimento e a morte do gato da casa e a manifestação supranormal que ocorreu na casa do reverendo Tweedale. Pode-se perguntar se o fato deve ser considerado como uma manifestação telepático-espírita, ou seja, post-mortem, ou um caso telepático no instante da morte, e essa dúvida resulta da falta de informações sobre o momento em que o gato desaparecido foi morto. Entretanto, como o gato não estava na casa havia alguns dias, e se pode presumir que tenha sido morto no primeiro dia em que desapareceu, isso torna mais verossímil a explicação telepático-espírita do fato.

128º caso – (Visual-coletivo).

Retiro-o do Journal of the SP.R., vol. XV, página 249, e é um caso rigorosamente documentado; foi enviado à S.P.R. na própria semana em que aconteceu. A srta. B.J. Green escreve:

> Minha irmã H.J. Green tinha uma gata da qual gostava muito, de raça persa pura, pelo cinza azulado característico, de tamanho pequeno, chamada Smoky. Não havia no vilarejo outro gato da mesma raça ou que se parecesse. Durante a primavera ela ficou doente e morreu pelo meio de junho de 1909. O jardineiro a enterrou numa platibanda do jardim, e plantou em cima do túmulo um pé de dália. Um pouco antes de sua morte, a gata tinha sido atacada e ferida por um cão que lhe quebrou algumas costelas. Depois disso ela caminhava mancando, curvada para um lado. Sua morte foi consequência dos ferimentos que recebeu.
>
> Na segunda-feira, 6 de julho de 1909, eu estava à mesa com minha irmã, almoçando, e eu estava lendo em voz alta uma carta. Eu estava de costas para a janela que ficava à esquerda de minha irmã. De súbito, vi que ela olhava para fora pela janela, com uma expressão de espanto quase junto com medo. Perguntei: "O que há?" Ela respondeu: "Estou vendo Smoky andando no meio da grama". Corremos para a janela e vimos de fato Smoky que parecia bem doente, o pelo eriçado e os olhos esgazeados. Caminhava mancando pela platibanda à frente da janela, a três ou quatro metros de nós. Minha irmã a chamou, mas como a gata parecia não ouvir, ela correu na sua direção, continuando a chamá-la. Eu fiquei à janela e vi a gata se dirigir para uma aleia que levava ao fundo do jardim. Minha irmã foi atrás dela, chamando-a, mas, para sua grande surpresa, Smoky não se virou, como se não escutasse. Em certo momento, ela entrou em uma moita e minha irmã não a enxergou mais. Depois de uns dez

> minutos, minha irmã e uma amiga, que estava hospedada havia algum tempo em nossa casa, viram de novo Smoky caminhando pela sebe, à frente da janela. Minha irmã saiu para ir até ela, mas não a viu mais. Após uma meia hora, ela apareceu no corredor que leva à cozinha, e foi vista pela criada, que pegou uma tigela de leite e foi ao seu encontro para lhe dar; mas a gata continuou seu caminho e saiu para o jardim e desapareceu diante da mulher.
>
> Fomos então falar com os vizinhos para saber se eles não tinham visto uma gata parecida com nossa falecida Smoky: ninguém tinha visto nada.
>
> Depois dessas visões nós nos perguntamos se não tinha acontecido um equívoco sobre a morte da gata, embora nosso amigo o jardineiro e uma jovem doméstica tivessem visto o seu cadáver. O jardineiro ficou tão indignado com nossa suposição de que ele não tivesse enterrado a gata, que foi imediatamente arrancar a dália e exumou o cadáver de Smoky.
>
> Não sabemos o que pensar desse acontecimento, que teve quatro testemunhas: a srta. B.J.Green, srta. H.L. Green, srta. Smith e Katleen B., a doméstica. Minha irmã diz que, quando ela foi atrás da gata da primeira vez, ela andava depressa, mas pendendo para um lado, como fazia antes de morrer.

Em uma carta posterior, a srta. B. J. Green, a propósito da segunda vez em que sua irmã foi atrás da gata, diz:

> A gata não saltou o muro de divisa do terreno: desapareceu quando estava perto dele.

O caso acima é muito interessante e significativo; primeiro, pelo teor incontestável do fato; depois, porque o fantasma foi visto por quatro pessoas em diversos momentos, o que exclui a hipótese alucinatória pura e simples. Isso considerado, somente duas hipóteses podem explicar o fato: a primeira seria supor que se tratasse da visão de uma gata viva que foi tomada pela gata morta; a segunda seria a hipótese telepático-espírita. Mencionei a primeira por simples dever de relator, pois nossos leitores já terão notado que essa suposição não se mantém diante da análise dos fatos. Primeiro porque, nesse caso, tratava-se de uma gata exótica, única do seu tipo no lugar onde o fato aconteceu, e com uma pelagem própria dos gatos persas, o que torna absurdo presumir que quatro pessoas, em plena luz do dia, possam ter se enganado na identificação. Segundo, porque notaram que a gata que apareceu caminhava mancando, exatamente como o animal morto. Em terceiro lugar, porque a gata-fantasma não deu jamais sinal de que enxergava as pessoas que a chamavam – característica da maioria dos fantasmas telepáticos e telepático-espíritas, que não têm consciência do lugar ode se encontram. E por fim, não se deve esquecer que o pequeno fantasma desapareceu várias vezes diante das receptoras, de forma súbita e inexplicável. Não preciso dizer mais; o que disse basta para provar que a hipótese de ser a visão de uma gata viva, que quatro pessoas teriam tomado por uma gata morta, não se mantém diante dos fatos. Somos forçados a concluir que o episódio em questão é mesmo um exemplo autêntico de aparição do fantasma de um animal morto.

129º caso – (Visual-auditivo-coletivo).

É também um caso que apareceu na Light de Londres, 1911, página 101. O reverendo Charles L. Tweedale, do qual já reproduzimos um relato, comunica um outro fato interessante que, como o primeiro, aconteceu em sua casa, onde manifestações supranormais impressionantes ocorreram durante mais de um ano. Conta ele:

> Nestes últimos cinco meses, temos presenciado as mais extraordinárias manifestações espontâneas, que ultrapassam em muito aquelas históricas do presbitério do reverendo Wesley. Temos todos, ultimamente, escutado uma "voz direta" que nos chamava pelo nome em pleno dia, e vimos repetidas aparições de um fantasma feminino alto, vestido de branco, e que todos os membros da família puderam ver, menos eu, que entretanto pude lhe escutar a voz, soando maravilhosamente clara, como se saísse do ar, e diante de toda a família. A aparição foi vista diversas vezes por várias pessoas ao mesmo tempo, quase sempre em plena luz, e algumas vezes em plena luz do dia. Por duas vezes o fantasma dialogou com os presentes.
> Há quinze dias, essas maravilhosas manifestações chega-

> ram ao apogeu pela aparição, em pleno dia, do fantasma vestido de branco acompanhado de um cão. Numa tarde, eles foram vistos juntos por duas vezes sucessivas por pessoas diferentes. E ainda, nessa mesma tarde, o cão foi visto por três vezes, sozinho; uma vez, quatro pessoas o viram ao mesmo tempo; entre elas, minha filhinha de dois anos, que correu atrás do cão-fantasma até debaixo da cama, onde ele tinha desaparecido, dizendo: "Bú! Bú!". Repito que tudo isso acontecia em plena luz do dia. Depois, esse cão foi visto várias outras vezes, até estes últimos dias.
>
> Todos que o viram descrevem o mesmo cão terrier alto, branco, com uma grande mancha preta irregular nas costas, orelhas retas e curtas, cauda em pé. Viu-se também que ele parecia tremer de corpo inteiro, e que seu pelo era mais curto e brilhante que de costume. Ora, essa descrição corresponde exatamente à de um cão que me pertencia e que morreu há cerca de doze anos; eu quase o tinha esquecido. Nenhuma das pessoas que o descreveram o tinham conhecido em vida, e sequer sabiam de sua existência. Minha tia – pois é seu fantasma que aparece – morreu há seis anos. Ele gostava muito do cão que a acompanha. Deve-se notar que, como disse, meu cão se caracterizava por uma exuberante vitalidade, que se mostrava por um violento tremor que lhe sacudia o corpo cada vez que lhe chamavam a atenção. Tinha também uma grande mancha irregular nas costas, exatamente sobre o lado direito da coluna dorsal. Não esqueçamos que todos esses detalhes autênticos eram totalmente ignorados por aqueles que viram e descreveram o fantasma do cão.
>
> Observo também que, antes de sua aparição, tinham-se ouvido latidos e arranhados característicos, ao mesmo tempo em que o fantasma feminino se mostrava. Mas como nenhum de nós ainda tinha visto fantasmas animais, essas manifestações auditivas foram inexplicáveis, até o dia em que a aparição do cão veio esclarecer o mistério.
>
> A significação teórica deste memorável acontecimento se impõe claramente; isto é, vem provar o que se deveria presumir logicamente: que o espírito de um cão, como o de sua dona, pode sobreviver à morte do corpo.

Neste caso, é preciso lembrar principalmente o seguinte:

que o fantasma canino foi visto por várias vezes, sucessiva ou coletivamente, em plena luz do dia; que uma vez foi visto por uma criança de dois anos que correu atrás dele até em baixo da cama, exclamando com a inocência de sua idade: "Bu! Bú!"; que ele foi descrito tal qual era por pessoas que não o tinham conhecido em vida, e finalmente, que antes das manifestações desse fantasma canino, se tinha ouvido latidos e arranhadas característicos. Todos esses fatos levam a excluir totalmente a hipótese alucinatória pura e simples. Servem, ao contrário, para demonstrar a natureza supranormal e extrínseca da aparição.

Segue-se que as conclusões do reverendo Tweedale parecem emergir incontestáveis dos fatos, sobretudo porque a aparição do fantasma canino não pode ser considerada em separado da aparição do fantasma feminino que o acompanhava, durante o período memorável das manifestações espontâneas descritas no longo relato do reverendo Tweedale. É razoável portanto pensar que, se a identificação do fantasma feminino com a tia falecida do reverendo deve se considerar como uma boa prova da sobrevivência do espírito dessa pessoa, não se pode concluir outra coisa a respeito do fantasma canino que foi também identificado.

130º caso – (Visual-coletivo).

O sr. James Coates, do qual já reproduzimos uma narrativa, enviou à Light, 1915, página 356, o relato do seguinte caso pessoal:

> Durante o verão de 1887, eu me encontrava em Rothesay com minha família. Meu cunhado Georges Anderson, de Glascow, me mandou de presente um belo cão de raça collie. Era um animal esperto e, infelizmente, também indisciplinado. Eu não era o mais capaz para educá-lo, e Rover, por seu comportamento, muitas vezes se colocava e a todos nós em má situação. Nós tínhamos então o hábito de ir pescar, durante a tarde, na baía de Glemburn. O cão ia conosco e, quando subíamos no pequeno barco, ele esperava nosso regresso correndo livremente pela praia. Tudo foi bem durante cerca de um mês, mas um dia, o chefe de polícia mandou me buscar extraoficial-

mente para dizer-me que um cão idêntico ao meu tinha assustado um cavalo atrelado a uma carruagem e que esta havia tombado com a senhora que estava dentro. A seguir, o chefe de polícia me determinou que me desfizesse imediatamente do cão se não quisesse incorrer em penalidades. Nenhuma forma de se negar ao que foi dito. Entreguei então o cão a um empregado, com a ordem expressa de ir à baia e afogar o pobre animal.

Fiquei entristecido com a sorte imposta a nosso Rover, e meus filhos ficaram desolados, porque o animal tinha se ligado a eles de forma especial; mas foi preciso submeter-se à lei.

Continuamos a ir pescar todas as tardes. No terceiro dia após a morte de Rover, quando voltamos, a pouca distância da grade da entrada da casa, nós três ao mesmo tempo exclamamos: "Olhem lá o Rover! É o Rover!". De fato, era ele que nos esperava na soleira da porta! Evidentemente, o homem que eu tinha encarregado de liquidar o animal não o tinha feito. Foi o que pensei imediatamente e era natural que assim pensasse, porque Rover estava diante de nós, sacudindo a cauda e nos olhando com ar alegre. Abrimos a grade, e fomos em sua direção, mas de repente o vimos desaparecer! Não pode haver dúvida de que o vimos realmente e de fato, nós três. Minha mulher insiste em afirmar que o cão parecia fosforescente. Mas para mim e minha filha, era nosso Rover, nem mais nem menos.

... Mesmo que possamos ser considerados ingênuos, continuamos convencidos de ter visto ao mesmo tempo o fantasma objetivo de nosso cão Rover. Parecia a tal ponto natural que cheguei a supor que o funcionário ao qual o tinha entregue não o havia morto... Não tenho nenhuma explicação que seja especialmente válida. Direi unicamente que o fato, para três pessoas, de verem ao mesmo tempo um cão que tinha sido afogado três dias antes, constitui uma prova de sua sobrevivência, mais convincente que muitos outros que nós, espíritas, aceitamos como suficientes durante nossas sessões.

Como se pode ver, as conclusões dos receptores que relataram os fatos estão concordes em afirmar sua certeza inabalável de se terem encontrado diante de fantasmas objetivos de animais. Não se pode dizer que estejam errados, mesmo de um ponto de vista rigorosamente científico; sobretudo no que concerne os quatro últimos casos, que são de natureza "coletiva", e dois deles do tipo "sucessivo", isto é, os fantasmas animais foram percebidos por diversas pessoas, sem uns saberem dos outros. Todos esses fatos servem para eliminar de forma absoluta a explicação alucinatória dos fatos – a única hipótese que se pode opor cientificamente à da transcendental telepático-espírita.

Conclusões

Chegando ao término desta classificação, resta-nos voltar um olhar retrospectivo para o caminho percorrido, recordando as principais considerações que os fatos nos despertaram, condensando-as numa síntese.

No que se refere a nossas repetidas afirmações em favor da existência real das manifestações telepáticas em que os animais exercem o papel de agentes ou de receptores, assim como dos fenômenos de assombração ou aparições em que os animais são receptores juntamente com pessoas, não me parece científico levantar ainda reservas ou dúvidas. Os casos expostos nesta classificação bastam para provar o acerto de nossas afirmações. De fato, nos exemplos que relatamos, figuram os principais tipos de manifestações telepáticas tais como as que acontecem entre pessoas, assim como os tipos principais em que as pessoas percebem manifestações de assombrações, aparições e fenômenos supranormais similares.

Além disso, nossas afirmações são mensuradas de forma decisiva por alguns dados estatísticos que se pode obter dos 130 casos enumerados nesta obra. De seu escrutínio resulta que os casos em que os animais perceberam manifestações supranormais antes das pessoas são em numero de 25. Aqueles em que os animais pareceram perceber manifestações supranormais que as pessoas não percebiam são em número de 17. Ora, esse quadro basta para nos autorizar a tirar conclusões sugeridas por tais fatos. A principal inferência que devemos fazer é a seguinte: os casos em que os animais percebem antes das pessoas as manifestações supranormais, ou em que estas permanecem desapercebidas pelas pessoas, têm um valor decisivo para nossa tese. Provam que não existe nenhuma hipótese racional que se oponha à que considera os animais como dotados de faculdades supranormais subconscientes, como as pessoas.

Essas conclusões, solidamente fundadas em dados estatísticos, são ainda corroboradas pelos manifestações que enfeixamos na categoria V, na qual tratamos de cães "uivando para a morte", isto é, cães que anunciavam, por uivos bem característicos e profundamente lúgubres, a morte iminente de uma pessoa próxima deles e continuavam assim até o falecimento da pessoa em questão; manifestação que demonstra a existência, no subconsciente animal, de faculdades premonitórias e, em consequência, de uma outra faculdade supranormal a acrescentar àquela indicada acima. Esse dom misterioso já tem sido universalmente atribuído ao reino animal em forma de previsão de perturbações atmosféricas iminentes ou da iminência de tremores de terra ou erupções vulcânicas.

Com base nos fatos recolhidos, nos é permitido afirmar sem receio de errar que o veredito da ciência futura deverá ser favorável à existência, no subconsciente animal, das mesmas faculdades supranormais que encontramos no subconsciente humano. Como o fato da existência latente, no subconsciente humano, de faculdades supranormais, independentes da lei da evolução biológica, constitui a melhor prova da existência, no homem, de um espírito independente do organismo carnal, e, por conseguinte, que sobrevive à morte desse organismo, é racional e inevitável inferir que, como no subconsciente animal encontramos as mesmas faculdades supranormais, a psique animal está destinada a sobreviver, também, à morte do corpo.

Entretanto, essas considerações logicamente incontestáveis ainda precisavam de uma confirmação complementar no terreno experimental. Se a hipótese da existência, nos animais, de uma psique que sobrevive à morte do corpo fosse real, deveriam existir casos de aparições post mortem de fantasmas animais, de forma análoga àquela que se verifica com os seres humanos. Pois bem, essa demonstração complementar é apresentada no curso de nossa classificação, na qual relacionamos um número suficiente de fatos desse tipo, onde encontramos os mesmos traços característicos que servem de prova de identificação espirítica nos casos correspondentes de fantasmas humanos.

Chegamos assim a demonstrar a existência de dois grupos de fatos que constituem o problema a resolver. No subconsciente animal encontramos as mesmas faculdades supranormais que existem no subconsciente humano, e os fantasmas de animais mortos se manifestam como os fantasmas humanos. Deve-se pois considerar que chegamos à demonstração necessária para provar a existência e a sobrevivência da psique animal.

Essa hipótese, portanto, pode ser considerada como cientificamente legítima, embora ainda somente a título de "hipótese de trabalho", aguardando-se para julgá-la uma verdade definitivamente aceita pela ciência quando a acumulação de fatos nos permita analisar a fundo esse tema tão importante.

Contudo, o assunto já atingiu um grau de maturidade suficiente para nos autorizar a fazer um resumo das consequências filosóficas e psicológicas que traria o fato da existência e da sobrevivência da psique animal. É o que me proponho a fazer de forma sumária, para completar e confirmar a tese apresentada, ou seja, que depois de oferecer a prova experimental da existência e da sobrevivência dessa psique animal, vou demonstrar a seguir a validade e a necessidade dela, do ponto de vista das leis que governam a evolução biológica e psíquica dos seres vivos, e também da justiça eterna.

Os homens de ciência que adotam convicções materialistas sustentam com frequência que o espírito dos animais, como o dos seres humanos, sendo uma simples função do órgão cerebral, deixa de existir quando esse órgão cessa de funcionar após a morte. Não há nada de inconsequente nessa teoria, pela qual o destino dos animais é equiparado ao dos humanos. Mas a inconsequência existe nos que acreditam na existência da alma humana – tanto os que seguem as diversas confissões religiosas como uma parte dos adeptos da doutrina espírita – que imaginam que o espírito dos animais é por demais imperfeito para sobreviver à morte do corpo e, em consequência, se limita a seus elementos constitutivos, dissolvendo-se no nada, exatamente como afirmam os materialistas.

Note-se, inicialmente, que essas teorias são bastante perigosas para a doutrina da sobrevivência espiritual humana, porque nos levam a admitir que uma simples diferença de grau na evolução do espírito basta para decidir seu destino, por vezes condenada sem nenhuma falta, noutras imortal sem sombra de mérito. E então, o que pensar da sorte de grande parte do gênero humano? De fato, se reconstituirmos a história da espécie humana com ajuda da paleontologia, chegaremos a um ponto em que o homem da antiguidade pré-histórica mais recuada se confunde com as formas animais mais elevadas. Se fizermos o mesmo para as raças humanas existentes, com ajuda da antropologia, chegaremos a algumas tribos selvagens bem pouco elevadas acima dos animais com os quais convivem, e onde a degradação dos indivíduos chega ao ponto que se mostram desprovidos de qualquer senso moral, com uma mentalidade que basta apenas para os guiar na satisfação das necessidades materiais de sua pobre existência; mais ou menos como os animais. Teríamos então que perguntar: em que grau de elevação psíquica o espírito de um indivíduo se torna suficientemente evoluído para resistir à crise da separação do organismo físico sem se dissolver em seus elementos constitutivos? Deveremos considerar que nossos primeiros ancestrais, tão pouco evoluídos acima dos macacos antropoides e alguns selvagens de nosso tempo, dos quais se pode quase dizer o mesmo, são suficientemente elevados espiritualmente para merecer o dom da imortalidade, enquanto um generoso representante da raça canina, que perde a vida tentado salvar uma criança que está se afogando, ou que morre de dor sobre o túmulo de seu amo, deverá morrer para sempre, não havendo atingido essa pretensa barreira dos imortais? Um grau diferente de evolução espiritual dos seres não implica de modo algum numa diferença qualitativa, mas somente quantitativa.

Esta só pode representar uma etapa mais ou menos

avançada no caminho da evolução anímica. Realmente, a vida, como se manifesta nos animais, é apenas a expressão exterior de um espírito que se encarnou ali e que só pode ser idêntico em essência ao espírito que se manifesta nas raças humanas menos evoluídas, passadas ou atuais – assim como nas raças atuais mais civilizadas. Noutros termos, a vida em todas as suas formas e em qualquer caso, é a expressão, na vida material, de um espírito que encarnou em uma síntese de matéria organizada e indica o grau de evolução a que chegou esse espírito – e nada mais. O espírito, por si mesmo, só pode ser absolutamente idêntico aos outros espíritos que animam todas as outras sínteses de matéria organizada, salvo o grau de progresso conquistado. Se tivesse que utilizar um exemplo para esclarecer essa ideia, lembraria uma chama colocada num vaso de cristal, cuja luz se irradia sem obstáculo, enquanto outra, colocada num vaso de porcelana, só irradia uma luz fraca, e uma terceira, num vaso de barro, não irradia nenhuma luz, a não ser pelos interstícios que possam existir na tampa – interstícios que, nos animais, corresponderiam aos "respiradouros" pelos quais emergem as faculdades do instinto, e à vezes, as fissuras que poderiam se produzir no vaso explicariam a emersão das faculdades supranormais subconscientes. Pode-se dizer o mesmo do destino do espírito, em suas inumeráveis encarnações, durante as quais o que muda são os envoltórios de que se reveste, e não o espírito, que permanece em potência inalterado e inalterável.

Naturalmente, para reconhecer essa verdade fundamental da evolução da vida nos mundos, é preciso distanciar nosso espírito das doutrinas pueris absorvidas na adolescência, segundo as quais a alma é criada do nada no instante do nascimento. E quando nos liberamos dessa crença absurda, só nos resta aderir à única doutrina capaz de explicar a evolução espiritual da vida: a da reencarnação progressiva de todos os seres vivos; doutrina que foi conhecida intuitivamente nos mais diversos povos, desde a mais longínqua antiguidade.

Existe algo de anticientífico em supor que a evolução biológica da espécie, mostrada pela ciência, tenha uma evolução correspondente e paralela no espirito, que se individualiza gradual e lentamente, adquirindo uma consciência de si próprio sempre maior, graças à acumulação de uma série de experiências adquiridas na passagem através de uma multiplicidade de existências vegetais, animais e humanas?

Seja como for, não é menos verdadeiro que **à** teoria da sobrevivência da psique animal – sobrevivência que, como pudemos ver, decorre incontestavelmente dos fatos observados – faltaria uma base racional, se não fosse complementada pela hipótese reencarnacionista, pois não se poderia admitir uma condição de existência espiritual dos animais em que um quadrúpede, um réptil, uma ave tivessem que permanecer como tais eternamente. Segue-se que as formas animais de vida material, assim como as graduações das raças humanas, só podem ser consideradas como formas transitórias através das quais todos os seres vivos devem passar; sem o que, a vida no Universo não se explicaria, e não teria objetivo, assim como não existiria nenhuma justiça no mundo.

Insisto neste ponto: a escala infinita dos seres vivos só pode ser a expressão da alma em suas etapas progressivas de elevação espiritual. O que se tornou atualizado no ser humano, graças a uma evolução mais longa, permanece em potencial nos seres inferiores. A involução precede a evolução. Não é a matéria que faz evoluir o espírito, é o espírito que, para evoluir, necessita de todas as fases das experiências que se pode obter sobre a terra; e, por conseguinte, tem necessidade de revestir todas as formas sucessivamente mais refinadas que lhe pode oferecer a organização material. As leis biológicas da "seleção natural", da "sobrevivência do mais apto da "influência do meio", são apenas os acessórios indispensáveis para essa evolução. A verdadeira causa da evolução dos organismos vivos é interior, e chama-se "espírito".

Uma das melhores definições abrangentes da natureza íntima dos processos evolutivos nos indivíduos vivos foi ditada mediunicamente a Lady Cathness, que a conta em seu livro Old Truth in a New Light. Embora essa senhora fosse inglesa, essa definição lhe foi dada em francês; eu a reproduzo:

O gás se mineraliza,

O mineral se vegetaliza,

O vegetal se animaliza,

O animal se humaniza,

O homem se diviniza.

Se adotássemos as conclusões acima sobre a existência e a sobrevivência da psique animal, e de seu trânsito ascensional através da escala dos seres por meio das encarnações sucessivas, até se humanizar, uma nova luz esclareceria também o eterno problema que todas as filosofias e religiões se propuseram resolver: o do "objetivo da vida do Universo". Infeliz do povo que perder toda a fé nos altos destinos do ser! Na Itália, todos lembramos das palavras angustiosas pronunciadas no leito de morte pelo eminente filósofo Robert Ardigo, que tentara por duas vezes suicidar-se: "Deixem-me morrer; para que serve a vida?" Palavras que repercutem como uma condenação terrível sobre as teorias positivo-materialistas professadas de boa fé por esse ilustre pensador. Somos então levados a dizer: "Eis ao menos um filósofo consequente com suas próprias convicções!" Sua desolada concepção materialista da vida o tinha levado racionalmente, inevitavelmente, a concluir que a vida não tinha nenhum propósito, pois, se tudo termina com a morte do corpo, para que ter vivido, ter contemplado por um instante a grandeza do Universo, ter estudado durante a vida inteira, ter sofrido tanto, moral e fisicamente? Talvez pelas gerações futuras? Mas estas, por sua vez, irão desaparecer sem deixar traços; se, em determinado número de séculos, devido ao resfriamento progressivo da Terra, nosso mundo tiver que morrer também, com todos os seres a que dá vida; e se é essa a sorte final de todos os mundos espalhados pelo Universo, para que serve então a elevação progressiva da humanidade? Por que se dedicar a um ideal? Para que serve a vida? Para que servem os mundos? Para que serve o Universo? E sobretudo, qual é o propósito de tantas dores materiais e morais, sofridas pelos entes aos quais foi concedido, sem que tenham pedido, o dom nefasto da vida?

Que imensa decepção para uma alma elevada com a de Robert Ardigo! Ele não podia deixar de contemplar, espantado, o abismo da infinita vaidade de tudo. Não podia deixar de se revoltar diante dessa ironia trágica da sorte. Seria melhor então desafiar energicamente o destino, da única maneira possível a um vivente: libertar-se, pelo suicídio, do suplício moral de contemplar, impotente, a tragédia do ser. Robert Ardigo foi consequente com ele mesmo. Os filósofos que partilham suas convicções materialistas e que, apesar disso, não terminam como ele pelo suicídio, são felizmente inconsequentes. O que se deve atribuir ao fato de que, nas profundezas de seu subconsciente, existe uma centelha divina que se sabe imortal, e que consegue transmitir a sua consciência uma vaga intuição da verdade; então, sem se darem conta, eles pensam de uma maneira e agem de outra.

Já é tempo de dispersar, nos meios filosóficos e científicos, os vapores asfixiantes do positivismo materialista, proclamando ao mundo a notícia feliz de que no cimo mais ensolarado da majestosa árvore do saber humano nasceu um novo ramo luxuriante e fecundo de frutos regeneradores, ramo que se denomina "A ciência da alma", graças à qual se demonstra a vaidade, a incoerência, o erro da concepção materialista do Universo. Ela demonstra também, essa Ciência da Alma, que a germinação da vida nos mundos tem por objetivo a evolução do espírito, que encarnando na matéria, deve elevar-se ao estado de perfeita individualidade consciente, moral, angélica, graças às experiências inumeráveis que adquiriu através de todas as sínteses da matéria organizada, experiências que se alternam com ciclos de existência espiritual sempre mais sublimes, até atingir os cumes supremos da identificação com Deus, finalidade suprema do ser. Isso não significa em absoluto a dissolução do Eu, mas sua integração com o Divino, sem perder nada de sua própria individualidade, como as células do organismo humano servem aos milhares para formá-lo, sem perder nada da individualidade que lhes é própria. Em outras palavras: ao Microcosmo-Homem, suprema síntese polizoica e polipsíquica na esfera do relativo, corresponde o Macrocosmo-Deus, síntese transcendental polipsíquica e

Una, eterna, incorruptível, infinita, na esfera do Absoluto.

Eis como a alma, a evolução, os destinos do ser são definidos nas famosas sentenças filosóficas obtidas mediunicamente por Eugène Nus:

> Alma: Porção de substância que Deus toma da Força Universal para cada individualidade. Centro de atividade assimiladora incandescente que reproduz, um a um, todos os atributos do Criador.
>
> Evolução: as moléculas simples, movidas por atração direta, se agregam e se combinam para formar organismos diferentes, mínimos nos minerais, já sensíveis nos vegetais e instintivos nos animais.
>
> Progredir, para o ser consciente, significa modificar-se, utilizando racionalmente os elementos interiores e exteriores de que dispõe.
>
> Por graus sucessivos, o ser consciente realiza seu destino, percorrendo moralmente a longa peregrinagem da vida... Vida que se manifesta livremente, mas subordinada a leis necessariamente determinadas pela Ordem do Universo.
>
> O objetivo supremo dos destinos individuais é concorrer para formar o ser coletivo de que somos as moléculas inteligentes; da mesma forma que o objetivo inconsciente, ou o destino das moléculas, das forças puramente instintivas, ou até menos que instintivas que concorrem para formar nossos organismos, é criar o ser individual.
>
> Para o Todo como para as partes, a vida é um perpétuo devenir, e não é igual a si mesma em nenhum momento de sua passagem no tempo.

Dou-me conta, porém, que as especulações filosóficas sobre o grande problema do ser me fizeram perder de vista a tese bem mais modesta que constitui o objeto desta obra. Ela consiste numa primeira tentativa de demonstrar, por um método científico, a sobrevivência da psique animal. Devemos então voltar a nosso tema e concluir dizendo que a existência de faculdades supranormais no subconsciente animal – existência suficientemente provada pelos casos que expusemos – constitui uma boa prova da sobrevivência da psique animal. Para o homem, deve-se inferir que essas faculdades representam, em seu subconsciente, os sentidos espirituais pré-formados, que aguardam para se exercer em um meio espiritual, como as faculdades dos sentidos são pré-formadas no embrião, aguardando para se exercer no meio físico. Se é assim, como as mesmas faculdades se encontram no subconsciente animal, deve-se concluir disso, logicamente, que os animais possuem um espírito que sobrevive à morte do corpo.

Além disso, essa comprovação interessante foi seguida por uma outra, complementar e não menos fundamentada: a que resulta dos casos de aparição post mortem de fantasmas animais identificados.

Daí a conclusão legítima de que tudo contribui para provar a realidade da existência e da sobrevivência da psique animal, embora, de acordo com os métodos da pesquisa científica, antes de um pronunciamento definitivo sobre o tema, seja necessário esperar uma acumulação ulterior de fatos, afim de termos condições de examinar-lhes a origem em larga escala, porquanto não se pode afastar uma perplexidade compreensível num tema de tão grande importância psicológica, filosófica, moral. Somente assim o que no momento é apenas uma "hipótese de trabalho", suficientemente apoiada por fatos para ser levada em consideração, poderá se transformar em verdade comprovada.

As pesquisas atuais sobre essa questão não deixam dúvida de que o veredito da ciência futura será nesse sentido.

FIM

O ANIMAL NA CASA ESPÍRITA
Madalena Parisi Duarte
112 páginas – ISBN 978-65-5727-101-8

Esta é uma obra sintonizada com o espírito dos novos tempos, em que finalmente a grande verdade evolutiva sobre os animais, afirmada desde os primórdios do Espiritismo, começa a emergir nas consciências humanas, com as atitudes consequentes. Na primeira parte deste livro, uma pesquisa abrangente expõe as mais abalizadas diretrizes doutrinárias sobre temas como a evolução dos animais, o seu perispírito, o sentido da dor que os acomete, a eutanásia, a castração, até sua morte e reencarnação. A segunda parte traz um roteiro detalhado para aqueles que desejam inserir na casa espírita o trabalho de assistência espiritual aos animais, com todas as especificações necessárias ao atendimento.

Fruto de experiência de longa data numa casa espírita de Blumenau, onde semelhante trabalho foi implantado, o roteiro aqui apresentado tem o selo da comprovada eficácia. O paradigma espiritual para a Nova Era precisa incluir, necessariamente, uma mudança de atitude e ação em relação aos nossos irmãos menores que, além de ser sugerida de forma reiterada pelo plano espiritual, precisa encontrar abrigo nas práticas doutrinárias espíritas.

Esta obra se insere exatamente nessa diretriz, programada pela Espiritualidade para vigorar na época mais feliz do planeta, que se avizinha.

A ALMA DOS ANIMAIS
foi confeccionado em impressão digital, em setembro de 2025
Conhecimento Editorial Ltda
(19) 3451-5440 — conhecimento@edconhecimento.com.br
Impresso em Luxcream 80g. – StoraEnso